いま読む！名著

フロイト『精神分析入門講義』を読み直す

妙木浩之
Hiroyuki MYOUKI

寄る辺なき自我の時代

現代書館

いま読む！名著

寄る辺なき自我の時代

フロイト『精神分析入門講義』を読み直す

＊

目次

序章

初心

「寄る辺なき自我」はなぜ生まれるのか？

私の目前の寝椅子に、高校卒業後一〇年以上にわたって引きこもっていた青年が横たわっている。精神分析家としての私の仕事は、患者に寝椅子に横たわってもらい思い浮かぶことを自由に語ってもらって、それに耳を傾けながら対話していくことがおもなものだ。私の彼に対する精神分析も一〇年以上という長い時間がたち、もはや彼の外見は青年ではなく中年になっていた。

彼は言う。真夜中に自分の部屋に閉じこもってインターネットのゲームをして、日本中のネット仲間と会話していたところで「結局、自分には取りつく島がない」。私はフロイトの「人は寄る辺ない存在で生まれてくる」という言葉を連想しながら、「あなたはどこかの岸辺にたどり着きたい舟みたいですね」と言葉をかけた。黙って静かにすすり泣いている彼の声が聞こえてきた。

フロイトは「寄る辺ない存在」という表現について、晩年の「制止、症状、不安」で「不安は乳児の心的寄る辺なさの状態の産物とみなされるべきである。この心的寄る辺なさの状態が、彼の生物学的寄る辺なさの状態と対をなすものであることは明白である」と明確に述べた。[*1] フロイトの使った原語はHiflosigkeitで英語にするならhelplessnessになるだろう。生物としての幼児は基本的に「寄る辺ない」状態で生まれてくると述べた後に、次のように述べている。

子宮内での生活期間は、大部分の動物のそれと比べて、相対的に短い。だから人の子供が外界に放り出されるときには、彼はまだ多くの動物たちのように完成されていない。このために、外界の影響は強くなり、自我のエスからの分化が早くから必要となり、外界の危険がひじょうに盛大なものとなり、そしてこれらの危険から守ってくれ、子宮内生活のかわりをしてくれることのできる唯一の対象が、ひじょうに高い価値をもってくることになる。この生物学的要因が、結局、最初の危険状況を作り、愛の欲求を生むのである。この欲求は、もうけっして一生、人を離れることはない。*2

ここで使われているhelplessnessという言葉は、本来生物学的な特徴だが、心理的な意味で人が危険な状況、特に外傷的な状況に陥ったときに生じる感覚を述べている。同時に、人が一生を通じて愛されたいという心理欲求を持つ起源でもあり、その心理的な寄る辺なさは、その後成人しても私たちの心につきまとう。「寄る辺ない」状態とは大人になっても続く気持ちで、つながりが少なく孤独であるというのではなく、人々の間にいてつながりがあるなかでも、自分のすべてを託せる、もしくは寄りかかることができる、そんな存在がないという基本的な不安のことだ。

毎日、患者たちとの分析セッションを続けていて最近、増えてきたのが、フロイトが「寄る辺ない」という言葉で述べたような感覚に通じる、まるで赤ん坊のような傷つきやすさを持っている人たちである。私は、そこに「大人のなかに幼児を見る」ような不思議な感覚を持つ。そして彼らには、今の社会で生きていることが実に「居心地の悪い」ことに感じられるようだ。

セッションを重ねるたびに繰り返されるこの不思議な感覚（私は教員でもあるのでこの似たような感覚

をしばしば現代の学生たちに見出す）が、本書を書こうと思ったきっかけだ。

本書の5章で詳述していくつもりだが、人が「寄る辺ない」状態に陥ってしまう原因のなかでもっとも重要なのは「自我」のあり方だ。

ナルシシズムの変容

私たちの意識こそが、すべての主体であり主語であるという考え方は、人類の登場からあるが、これを哲学や科学の方法論として、自我＝「われ」という解釈で取り上げた最初の人物は、フランスの思想家ルネ・デカルトである。そしてそれ以後のほとんどの科学者において「自我」というのは、このデカルトの自我であり、その意味で言えば、フロイトも立派なデカルト主義者であった。しかし、フロイトは晩年にその概念を覆した。いわば存在の原点であり、すべての中心だった自我が実に不安定な存在であることを発見したのだ。そこでの思考の鍵となるのが「ナルシシズム」である。

ナルシシズムに関しては、本書の主要テーマなので、第4章と第5章を使って論じていくが、ここで簡単に要旨のみをまとめておく。ナルシシズムとは、自分のことしか愛せない状態のことで、学術的には自己愛性格傾向、あるいはその精神障害という言葉にまとめられる。それは、ナルシシズムという言葉で今日、連想されるような、自己中心的な、自分に耽溺するというような美学的なものではなく、フロイトの生きた戦争の時代に精神分析によって発見された立派な精神的な病の名前である。戦争という不安定な要因のなかで、自我を保つためには、そこに逃げ込むことができる「引きこもりの要塞」が必要であり、その意味でのナルシシズムは、戦争の時代になれば、多くの市民に発見できる状態である。そもそも戦争に至るような全体主義的なナショナリズムというものは、国の状態がナルシシズム的だとも言える。

その後、時代とともにナルシシズムの姿は変容してきた。直接的な要因は特定できないが、社会制度の変化、テクノロジーの変化、グローバル化など、多くの要素の複合的なものだろう。そこは、戦下に病んだ人々が正気を保つための「引きこもりの要塞」というより、普通の人々が自分自身の人生の曲がり角に、それぞれ一時的に閉じこもる「引きこもりのための小部屋」と化してしまった。こんな新しい時代のナルシシズムのなかで、自我が、寄る辺を失ってしまった。

コギト・エルゴ・スム（我思うゆえに我あり）：科学的認識論のはじまり

ここでは、まずすべてのスタートであったデカルトの「自我」を考えていこう。彼はヨーロッパに生まれて若いころから数学に関する研究をしていた優秀な学徒であった。当時のヨーロッパは宗教戦争の真っ只なかであり、デカルトは、旧教側についたり、新教側についたり試行錯誤を繰り返しながら人間にとって大切なものは合理性、理性であると考えるようになった。そして除隊し旅に出て、中年期に居を構えて書き上げたのが『方法序説』である。この本の正式な題名は「理性を正しく導き、諸科学の真理を探究するための」といった長い修飾語が前についている。

彼が『方法序説』で明確にした方法論は以下のような四段階が設定されている。①自分を始点とする思考をいろいろと疑う。懐疑から出発していろいろなものをそぎ落としていって、明確に真であると認めたもの以外決して受け入れないことを原則として、②可能な限り問題を小さい部分に分けて、分析することを徹底し、③そして単純なものから始めて複雑なものに達するようにしていく。結果として④全体をレビューして見直すこととなる。つまりあらゆる学問の開始点において、コギト、自我＝「われ」が中核的な役割を担うということを宣言したのだ。

彼は最晩年、早起きをしなければならなくなって命を縮めたというのは有名な話だが、戦争の悲惨さを体験して、次第に理性を重視するようになり、中年期に暖炉の前でじっくりと考えてこの本を書いた。そして最終的に考える主体であるのは「私」、つまり「自我」が必要不可欠だということに至った。「我思うゆえに我あり（コギト・エルゴ・スム）」という原理原則にたどり着いたのだ。

かつて私の心のうちにはいって来たる一切のものは夢に見る幻影とひとしく真ではないと仮定しようと決心した。けれどもそう決心するや否や、私がそんなふうに一切を虚偽であると考えようと欲するかぎり、そのように考えている「私」は必然的に何ものかであらねばならぬことに気づいた。そうして「私は考える、それ故に私は有る」というこの真理がきわめて堅固であり、きわめて確実であって、懐疑論者らの無法きわまる仮定をことごとく束ねてかかってもこれを揺るがすことのできないのを見て、これを私の探求しつつあった哲学の第一原理として、ためらうことなく受けとることができる、と私は判断した。[3]

デカルトの言う自我、つまり個人の主体意識は、その後形成される国家意識、あるいは国民主権の意識にも、あるいはナポレオン革命以後に獲得される個人の所有権の発想にも、つまり人権思想まで拡張できるものだ。

若きデカルトは数学者でもあった。後にデカルト座標と呼ばれるX軸とY軸、あるいは立体ならばZ軸も加えた物理の空間を考えた人でもあることは見逃せない。空間に物理的なものを想定するときに、原点から座標をとって方程式を描くという数学のモデルを考え出したのだ。このモデルは科学の基本になった。ここでの疑いようのない原点が自我であり、自我は認識の始点のようなもので、私たちが考えるための出発点が自我だと考えたのだ。数学と物理は、そうしたデカルト的空間のなかで関数として表現できる。これは方法論でもあるし、世界観でもある。[4] 私が考えているから、私と世界は存在しているということなのだ。[5]

意識や自我とはいったい何か。この問いに答えることは、哲学の主題になる。そもそも私たちが見ている世界が自分だけのものなのか（独我論）、それとも私たちの主観とは別に客観的な世界が存在するのか（二元論）といった疑問が生じる。この問いに対する答えは、本論の主題を超えるが、自我や主観が明確に原点にあると考えることで、近現代の科学論、そして哲学が成り立っているということは、まず確認しても良いことだろう。

本書は、フロイトという近代精神の思索者を通して、現代社会における「自我」のあり方を考え直していくわけだが、この試みの出発点に、現代の私たちの科学の基盤にあるデカルトの認識論を置きたい。なぜなら現代の私たちすら、私の見ている世界が主観的で、外の世界が客観的だというデカルトが生み出した二元論から、自由ではないからだ。

そして、フロイトの著作からは主として『精神分析入門講義』（以下、本書では『入門』と表記する）を取り上げ彼が創始した精神分析という学問の視点から、現代社会のなかでの「自我」のあり方、つまり精神構造が現代社会で変化してきた姿とその背景について私なりの考えを展開したいと思う。もちろんフロイトは膨大な本の書き手で、この著作だけでなく、『ヒステリー研究』や『夢解釈』から『モーゼという男と一神教』まで多くのジャンルと論点の書き物があり、それぞれいろいろな領域に影響を与えてきた。だがあえて私が『入門』を取り上げるのは、現代社会における自我という視点から彼の思想全体を見渡すときに、この著作がもっとも重要な視点を提供してくれると考えるからだ。まずは、最初に彼がいた歴史的な文脈とその職業的な位置づけのいくつかをお話しておきたい*6

『精神分析入門講義』以前（〜『夢解釈』まで）

フロイトの主要な業績と生育歴のなかで『入門』は、出発点である生理学や医学の考え方から、医学のなかでの精神分析という独自の学問を着想して完成する節目に位置づけられる。

フロイトの生育歴については賛同者、批判者双方から詳細な分析が行われているが、幼少期の生活や外傷体験などは、彼自身が自分の考えを着想する上で重要なものだった。例えば、フロイト家の出自、出生の地モラヴィアからの脱出とその直前の叔父の犯罪（叔父が詐欺を働いたらしい）、幼い弟の死（彼の弟はモラヴィア脱出の直前に二歳で亡くなっている）は、彼が生涯取りつかれていた汽車恐怖や遅刻恐怖と密接に関連しているだろう（フロイトは自己分析の結果、汽車恐怖は治ったが、晩年まで発車時刻に遅れる不安は残った）。またフロイトがコカインを常用していたことは間違いないとされており、彼の理論そのものがハイな状態で作られていたという批判もある。だが今回はあえて生育歴や病歴の検討はせず、出発点を、彼が二〇歳になったとき、つまり大学三年生で奨学金を得て、解剖学者のカール・クラウスの研究室で何百匹ものウナギを解剖しその性器を峻別できるようになったころからとしたい。金関猛が『ウィーン大学生フロイト―精神分析の視点』という本で描いているように、彼は医学生として実証主義の訓練を受けた。勤勉で野心家のフロイトは、医学の世界に没頭するようになるまで、生物学者としての立身出世を願っていたし、生理学を志したのもその延長で、おそらくノーベル賞を切望していたと思われる。以下、大学生フロイトが研究を志して、それに挫折していく歴史を並べてみた。

一八七六年（二〇歳）。ウィーン大学の生理学教授であったブリュッケ教授の生理学研究室で先輩のブロイアー、フライシェル＝マルホフに出会う。

一八七七年（二一歳）。卒業論文「ウナギの生殖腺の形態と構造」を書き上げる。その後生理学研究室に所属する。

一八七八年（二二歳）。「ヤツメウナギの脊髄神経節および脊髄について」論文を完成する。

一八七九年（二三歳）。神経系の染色に関する方法論を確立させて「神経系統の解剖学的調整と一方法に関する予報」論文を完成する。同年、軍務を果たす。

一八八〇年（二四歳）。J・S・ミルなどの論文を翻訳する。

一八八一年（二五歳）。医学部試験に合格、学位を得る。

一八八二年（二六歳）。マルタ・ベルナレスと出会い婚約。そのため研究所を辞してウィーン総合病院に就職する。

一八八三年（二七歳）。ウィーン総合病院精神病治療研究所でマイナートのもと、脳解剖学と神経病理学の研究を行う。

一八八四年（二八歳）。ウィーン総合病院神経科の医長になる。コカインの効用を知り、熱心に論文を書く。

一八八五年（二九歳）。神経病理学の私講師（ドイツでは、大学で講義を開くことができるが、給料は払われず、教室で学生から自分でお金を集める講師職がある）になる。同時に病院をやめて、ブリュッケの推薦でパリのサルペトリエール病院でシャルコーのヒステリー講義と出会う。

一八八六年（三〇歳）。ウィーンに帰国の途中に、神経学者のバビンスキー（神経学には今日でもバビンスキー反射という名前が残っている）と出会い、小児神経を学び、帰国後、ウィーンの公立病院で小児神経科の医長を務める（長年週三回の仕事となる）。同年、開業してマルタ・ベルナレスと結婚する。ウィーンの医学会で男性のヒステリーについて発表して冷遇される。このころ、汽車恐怖症がひどくなっている。

一八八七年（三一歳）。ブロイアーを介して耳鼻科医であるウィルヘルム・フリースとの交際が始まる。催眠暗示の技法を使い始める。

一八八八年（三二歳）。フランスのナンシー学派の催眠療法の本を翻訳した。その学派の主唱者ベルネームのもとを訪ねる計画を立てる。

一八八九年（三三歳）。フランスを再度訪れて、ベルネームから催眠療法＝暗示という（つまり催眠が編成意識状態ではなく、教示や暗示に近いという）理解を得る。帰国後、エミー・フォン・N夫人を催眠療法によって治す。

一八九〇年（三四歳）。ブロイアーとヒステリー研究を共同で執筆し始める。

一八九一年（三五歳）。ベルクガッセ一九番地に自身の診療所を移転。同年、友人フライシェル＝マルホフがコカイン中毒の末に死亡する。また、神経学的な研究をまとめた「失語症理解のために」という論考を、小児麻痺の研究とともに出す。

一八九二年（三六歳）。催眠暗示を捨てて、前額法という額に手を当てて、過去のトラウマを思い出させることを中心とした技法を試みる。ベルネームの論文を翻訳する。

一八九三年（三七歳）。シャルコーが亡くなる。小児麻痺の論考とともに、ヒステリーの防衛機序についての論文を書く。このころ、心臓障害を含めて気分の落ち込みなどさまざまな不安を抱える。
一八九四年（三八歳）。精神障害全体を扱った「防衛神経精神病」という論考をまとめる。
一八九五年（三九歳）。七月に「イルマの注射の夢」を見て、夢の分析手法を着想する。同年、関係の悪くなったブロイアーとの共著で『ヒステリー研究』を出版する。

この生育歴からわかるのは、フロイトが生粋の生理学者から医学者になっていった姿である。それは、生理学者としての挫折という捉え方もでき、それは生涯フロイトの心に残った重荷と言えるかもしれない。

もうひとつのフロイトにとっての重荷は、フロイト家の経済的な大黒柱は自分自身だったということだ。フロイトの父親は、彼が生まれたときにすでに老年に入りつつあり、彼が自立していくプロセスで引退していった。そして彼が社会人になると、一家の稼ぎ手はイギリスにいた先妻の息子とフロイトになったが、主たる家計は彼の肩にかかっていた。さらに結婚したフロイトには子どもが多く、彼らを育てていくだけの金も必要だった。上述したようにその仕事を並べてみれば、大学を卒業してブリュッケに師事し生理学研究の世界で出世を願うことから始まったフロイトの道程は、その後シャルコーやブロイアーとの催眠療法への接近も含めて、脳神経学者として立身出世を願うユダヤ人医師の行動として不思議なものではない。彼は結婚のために功名心を急ぎ、その焦燥感のなかでコカインの医学的使用の信奉者になっていった。彼自身はそれほど中毒はひどくなかったが、友人を死に至らしめたスキャンダルを持っている。そのような焦りからシャルコーのヒステリー研究に出合って精神病理学に触れた神経科学者は、「精神療法」を生業とした開業医になる選択をした。それは、医者業が好きだったということではなく、生活からの必然、お金を稼ぐためだったが、それでも彼は名声を得たいという野望を持ち続けていた。

節目になったのは、夢の分析手法の発見だった。彼は精神病理の心のモデルを「防衛」という概念で構築した一八九四年の次の年に「イルマの注射の夢」[*7]を見て、夢の解釈技法を手に入れる。この後、友人であるフリースとの交流のなかで、「科学的心理学草稿」と呼ばれるニューロンをモデルにした心理学的な草稿を書くも全く評価されずその分析手法の探求は頓挫する。ここでのフリースとのやりとりは、すべて公刊されているのではっきりとわかるのだが、ここから彼は「精神分析」と呼ぶ技法を、心の病を解決するための技術、あるいは道具として使い始めている。次の年、一八九六年の父親の死を境に、数年来悩んできた自分自身の神経症症状と対峙する形で、夢を用いた自己分析を始める。夢分析のテキストである『夢解釈』が出版されるのが一八九九年の末（出版年は一九〇〇年となっている）だから、『夢解釈』から始まり一九一七年の『入門』に至る一連の精神分析に関する著作のアイデアの源泉は神経科医としての活動をもとに、一八九五年から一九〇〇年の数年間でまとめられたと考えて良いだろう。そして精神分析という学問の創始者になったフロイトの言葉は心理学的に大きな影響力を持つようになり、後の彼の哲学的、思想的著作において重要な文脈に乗るような主題をここで獲得したことになる。

だが「精神分析」はあくまで解釈技法であり、治療の道具として考案されたということは、この言葉自体は思想的な意味を持っていない、つまり一般向けではなくあくまで専門的なタームということを意味してもいる。一九〇二年のウィーン大学の員外教授になったフロイトの知名度は、精神分析のサークルを離れればほとんど無名に近かった。

孤立無援の天才

こんな事件がある。一九〇三年、哲学者・心理学者のオットー・ヴァイニンガーが、ベートーベンの亡くなった黒スペイン館の三階の部屋でピストル自殺をした。ベートーベンは晩年、耳が聞こえない状態で作曲を続けて交響曲一〇番の作曲途上で亡くなるが（一〇番を書くと作曲家は死ぬという伝説の通り）、彼を尊敬するヴァイニンガーという若い哲学者はその自殺で一躍有名になり、その後後追い自殺をする若者を巻き込み主著である『性と性格』という本はベストセラーになった。[*8] 本のなかには、男性は理性的に存在するが、女性は受動的・非生産的・無意識的・非倫理的・非論理的であり、娼婦か母かという役割しかないと述べている。彼は自殺する前にキリスト教に改宗しているが、ユダヤ人であるにもかかわらずユダヤ人こそ女性的存在だと述べ、反ユダヤ主義を主唱して、フェミニストたちをレスビアンのような女性的男性だと揶揄するという、まるでショーペンハウエルを反ユダヤ主義者にしたような議論を行っている。[*9] ヴァイニンガーは自らの論文「エロスとプシケ」を携えて二年ほど前にフロイトに会っているが、フロイトはヴァイニンガーを評価しなかった。だが自殺を通してヴァイニンガーの知名度は上がったが、フロイトは相変わらず、ほとんど無名の医学者にすぎなかった。

この物語には、後日談がある。フロイトは夢分析のなかで「精神分析」という技法を思いつき、父親の死から始まる自己分析にそれを適用するが、そのころはフリースとの文通が心の支えになっていた。だがフロイトが自分自身の学問を問う『夢判断』を出版する新世紀のころになると、彼らの関係は徐々に疎遠になり始めた。そしてその関係を最終的に終焉させたのは両性具有に関する議論であり、それを決定的にした事件が、ヴァイニンガーの本を読んだフリースが、自分の両性具有の理論を、フロイトが分析している心理学者スボダを通して、ヴァイニンガーに伝えたと思ったことからだった。

ヴァイニンガーの本のなかには、男性には女性的な部分が、女性には男性的な部分が備わっているという指摘が書かれている。フリースはその発見を自分に優先権があるものだと信じていた。両性具有は古くはプラトンの時代からアンドロギュニスの仮説として語られてきたし、その後も人間の解剖学的な根拠とともに残っている学説だが、ヴァイニンガーの本はベストセラーになったのだから、フリースの怒りもわからないでもない。関係が冷めていたフロイトに対して、フリースは抗議の手紙を送った。そしてその後、全く交流がなくなってしまった。

壮絶な自殺の影響もあってヴァイニンガーの本は一九二五年には二六版を重ねるほどになっている。一方、フロイトが自ら歴史に残ると考えた『夢解釈』はほとんど数十冊しか売れていなかった。フロイトは自らを「ロビンソークルーソー」に喩えるほど孤独だった。

神経科医と呼んでも、脳生理学者あるいは小児神経科医と呼んでも、また精神病理学者と呼んでも良いような、いわばどの分野に属するかわからないような医師が、今日思想的な影響力を持つようになっていくのはどうしてなのだろうか。

それには、彼の生きた時代背景が大きく影響している。

同時代の思想

本章冒頭でデカルトを引き合いに出したが、フロイトの生きた一九世紀末から二〇世紀初頭は、諸侯お抱えの知識人いわば博学者という総合特権階級職が存在した、デカルトの生きた一七世紀とは全く異なっており、知識がさまざまな領域に分化していた、いわば専門職の時代であった。そしてそのなかでフロイトは生理学者・医師として生きた。歴史的に哲学や思想が専門職になったのはルソーの時代、一八世紀以降のことだが、例えば思想家ルソーは愛着障害で荒れた性格だったので迫害され生地であるジュネーブを去り、フランスで革命の思想家・社会革命家となっていった。しかし博学者でもなく、思想家でもないフロイトは、何か特別な思想を生み出そうとしていたわけではなく、彼の生み出した精神分析という技法は、時代の流れのなかで思想になっていったのである。*10

一九〇〇年に刊行され、最初はほとんど売れなかったフロイトの自信作『夢解釈』と、一九三〇年に刊行され膨大な読み手が生み出された『文化の中の居心地の悪さ』では、それぞれフロイト自身が意図していた読み手が異なる。その違いの背景にはフロイトの時代―二〇世紀初頭―に発見された「心の病に対する意識」への社会的な注目があり、近代社会の認識論的な転換[*11]があるのだろう。そしてその「心の病に対する意識」は、おそらくいくつかのキーワードで描けるような時代の事象、もしくは思想と連動している。

その一つは第一次世界大戦だが、これについては次章以降で述べていくことにして、ここではフロイト周辺の思想、特に二つの思想的な動きと、それに連動した社会全般の動きについて指摘しておきたい。一つは共産主義（あるいはそのヴァリエーションとしての社会民主主義）である。

一八八三年の三月にカール・マルクスがロンドンの自宅で亡くなっている。一七日に埋葬、ハイゲート墓地の夫人の隣に埋められたが、葬儀にはエンゲルスら三〇人程度の参列があった。その年、ウィーンでは市庁舎が完成して、フロイトは一目ぼれして前年に婚約していたマルタ・ベルナレスとの結婚を願っている。三年後にようやく結婚して、経済的に独立しようとするが、貧困はつねに彼の人生の主題になっていた。野心家であったフロイトは、次の年にコカインと出会い、その医学的な使用を積極的に推し進めるが、友人フライシェル＝マルホフは疼痛に悩んでいて、そのためコカインを常用して中毒になり、一八九一年には亡くなる。そしてフロイト自身もコカインに手を出すようになっている（幸い中毒にはならなかった）。後に医局の先輩ブロイアーからお金を借りていたり、フロイトの生活はつねに苦しく、結婚、開業してからも数年は自身が「神経症」と呼ぶ状況に悩まされていた。生涯貧困と隣り合わせだったマルクスの理論が、ロシアで革命として実現するのは一九一七年、『入門』が公刊される直後のことであり、共産主義の影響力がヨーロッパ全土に広がっていく歴史は、文字通り、フロイトが貧困に悩まされながら自らの理論を組み立てていく時間と重なっている。[*12] 貧困の問題は近現代の深刻な病である。ロシア革命の成功には、第一次世界大戦とその余波が少なからず影響を及ぼしているが、貧困はその大きな原因であり同時にそれはヒトラー、スターリン、毛沢東と続く市民大虐殺の歴史を作り出した。[*13]

フロイトの周辺で、時代精神を動かしていたもうひとつの領域は「芸術」であった。文化人や知識人たちにとって、世紀末から起きた社会変動は「モダン」という言葉に集約される。近代のパリは、芸術にとって大きな意味のある都市だった。世紀末一八八五年には、パリのモンマルトルで一八八一年に開店したキャバレー「黒猫」がラヴェル街に移り、一〇年後に閉鎖されるまで、パリの芸術家たちが集まる社交場になっていたが、そのロビーには「人間よ、モダンになれ」という銘文が掲げられていた。しかしフロイトはこうした文化的な動きには全く関与していない。その年の秋、フロイトはウィーン大学医学部生理学教授のブリュッケ教授の推薦で研究者としてパリのサルペトリエール病院にシャルコー教授のもとを訪れている。フロイトは、シャルコーの火曜講義にほれ込んで生涯尊敬しつづけたが、パリの街から受けた文化的な影響はそれほど大きくなかったらしい。ウィーンに帰ってからも、一九一〇年代までのフロイトは、それほど文化について語る作業をしていないが、同時代の雰囲気を感じ取っていたのは間違いない。だがそれについて実際に書き始めるには一九一〇年代後半を待ってのことだ。世紀末のウィーンには、フランスの強い影響で文化的な運動が作られていったし、フロイトは自分の望んだノーベル賞は取れなかったが、文学的な活動に対して贈られるゲーテ賞を得ている。これは精神分析を考える上で重要なことだ。フロイトを最初に受け入れたのは物理科学の世界ではなく、文学のほうだったのである。

この一九世紀末から二〇世紀初頭という時代に、文化や科学全体の地図の変化、つまり思想的に大きな変動が起きていたことは間違いない。例えばニーチェの死が、この時代である。一八八五年に『ツァラトストラはかく語りき』を発表していたフリードリッヒ・ニーチェがイタリアのカルロ・アルベルト広場で倒れて、こん睡状態になったのは一八八九年だ。精神病院に入院、「進行性麻痺」と診断される。もちろん周知のごとく、映画『善悪の彼岸』にあるように、この精神障害は、梅毒による進行性の意識障害であったが、その後イエナ大学精神科に入院して新世紀一九〇〇年の八月二五日に亡くなっている。ニーチェが倒れた年の春には、パリの万博が行われて、エッフェル塔が建設されている。つまりマルクスとニーチェが亡くなった時代に、フロイトは大きな野心を持ちながらもまだ一介の神経科の開業医として、周囲から認められるための戦いを続けていたのだ。[*14]

そしてもうひとつの領域が哲学、特に後の社会科学を考える上で重要なのは、現象学だろう。一九〇五年にはゼーフェルトでエドムント・フッサールが、ゲッチンゲン大学やミュンヘン大学の学生を集めて研究会を開いている。ここでフッサールは『現象学的還元』つまり「エポケー」について論じている。「エポケー」は判断停止と訳される。つまり自分が見ている世界は、見ている側と見られている側の合作で、それぞれの力に私から対象への志向性のようなものが働いている。それは一面では関与だし、一面では関心だとも言える。もともとフッサールはこれを「幾何学」として考え始め、論理の世界にこうした主体的な意識が関わっている程度について論じ始めた。一九〇〇年に『論理学研究』を出したフッサールの現象学は、ゲッチンゲン大学に招聘されて、次第に大きな注目を集めつつあった。現象学は、その後、哲学の世界では実存主義や存在論へと発展する方法論になった。さらに社会学の方法論にも影響を与えたので、人文科学の方法論の厳密化は、この時期に登場した「現象学」などからスタートしていると言ってもいいだろう。この人文科学の方法論を厳密にしていく必要性が、数学や物理学の発展と対になっているのは、おそらく近代というものが科学技術の爆発的な発展と対になっているからだろう。特にドイツでは、「モダン」という言葉に象徴されるような新しい世界で自然科学と人文科学の方法論の精緻化が模索されていたのだ。おそらくそれは一九一四年から起こる社会全体の急激な変化に対して、精神の側が備えておく必要があったからに違いない。[*15]

フロイトはこのように思想、芸術、哲学という社会の基盤をなす分野が大きく変化していくなかで、「精神分析」を構想していた。フロイトの出発点は生理学、医学だったが、精神分析は、このような空気のなかで人間を分析する独自の方法論になっていく。ここから『入門』まではもうすぐだ。

『精神分析入門講義』に至る道

フロイトの精神分析は一八八五年ぐらいに着想され一九一〇年代にその大まかな枠組み、技法論

1898年(42歳)	「神経症の原因における性」
1899年(43歳)	『夢解釈』
1901年(45歳)	『日常生活の精神病理学』
1904年(48歳)	「症例ドラ」(書かれたのは1901年)
1907年(51歳)	「W.イエンゼンの『グラディーヴァ』における妄想と夢」
1908年(52歳)	「性格と肛門性愛」、「幼児の性に関する考えについて」
1909年(53歳)	「症例ハンス」(五歳の男児の恐怖症の分析)、「症例ねずみ男」(強迫神経症の一例に関する考察)
1910年(54歳)	「レオナルド・ダ・ヴィンチの幼児期の一記憶」、「精神現象の二原則に関する公式」
1911年(55歳)	「シュレーバーの分析」(自伝的に記述されたパラノイアの一症例)
1913年(57歳)	「トーテムとタブー」、「分析治療の開始について」などの一連の技法論文
1914年(58歳)	「精神分析運動史」、「ナルシシズムの導入」、「ミケランジェロのモーゼ像」、「思い出すこと、繰り返すこと、ワークスルーすること」

[表1] 1917年『入門』までに発表された論文

と理論が完成した。その後の彼は、臨床的な事実の発見のたびに、メタ心理学という用語を用いてその理論を変更することになるが、これは彼自身の科学的方法論の厳密性へのこだわりからでもある。この時代のモダンと呼ばれる潮流は、共産主義を社会に生み出し、芸術運動を世に送り出していたが、フロイトはそのどちらにも関心を持たずに、繰り返し理論の組み替えをしていた。ただその変更があまりに多く、しばしば矛盾している点もあって終始一貫しているものではない。表1に、一八九八年からの一九一七年『入門』発表前までに書かれた論文をまとめてみたが、それを見れば、一九〇〇年を境に「精神分析」という概念をどのように洗練させていったか、そして彼が神経科学から徐々に離脱していく様子がわかる。神経症という病気の背景に性を発見して、『夢解釈』で夢の分析手法を、『日常生活の精神病理学』で失錯行為やジョークの分析を行って、次第にヒステリー、強迫障害、そしてパラノイアなどの神経症の分析から具体的な概念を抽出していき、さらに芸術作品に分析対象を広げていって、精神分析を文化的なものに重ね合わせていった。

一九〇〇年を越えてから、つまりフロイトが『夢解釈』を世に出してから数年の間に、フロイトの話を聞きつけた医師たち、ブルクヘルツリの精神病院にいたブロイラーやユング、あるいは後にフロイトの弟子になったジョーンズやフェレンチィといった精神医学者たちが彼のもとに集まってきた。そのなかには秀才オットー・ランクのように、フロイトが援助して大学に入り直した若者までいた。[*16] また少なくとも医学の世界では、フロイトの名声は伝わっており、それに伴う精神分析というものの地位向上を背景に一九〇八年にはブロイラーやユングが「国際精神分析会議」を開催しているし、米国から招聘される形で一九〇九年にはユングとフェレンチィが渡米しクラーク大学で講演をしている。

この間のフロイトの仕事を分類すると、三つの領域が見えてくる。一つ目は「医学的な意味での精神分析」。主に治療実践について記述することである。二つ目は「神経症の原因として性」についての論考に始まった、精神病理理論に関してのものである。これは医学的な意味での事例研究とセットになっている。ドラは転移を、ハンスはエディプス・コンプレックスを、そしてねずみ男は強迫を解明するための実例として精神分析の対象になっている。三つ目が興味深いのだが、イエンゼンの小説『グラディーヴァ』やレオナルド・ダ・ヴィンチらの芸術作品の分析である。フロイトは、ここでは批評家として作品を分析しているのではなく、『グラディーヴァ』においては、登場人物の見る夢や幻覚のあり方を、レオナルドにおいては、作品の図像における痕跡の分析を行っている。つまり、精神分析の方法を芸術作品の分析に対応させようとしたのだ。この態度は、精神分析を人文科学の方法論に高める契機になった。たとえフロイトの意図が、精神分析という神経症の分析手法を、作品に応用しただけだとしても、精神分析が文化的なものにアクセスし始めたように見えるからである。実際、フロイト周辺だけでなく、フランスからサルヴァドール・ダリが訪ねてくるような、文化人や知識人たちを巻き込んだ精神分析の流行が起きている。

かつて「想起、反復、徹底操作」と訳されてきた一九一四年の論文「思い出すこと、繰り返すこと、ワークスルーすること」は、精神分析の治療メカニズムについてまとめたもので、この時期に治療法としての精神分析は完成したわけだが、この年の七月に世界の状況は大きく変わる。第一次世界大戦が開戦するのだ。開業診療所に患者たちが訪れなくなり、極度に暇になったフロイトは、しかたなく精神分析のメタ心理学草稿を書き上げようとする。一二編が計画され、書き上げられたが、そのうちの七編は棄却されてしまう。現在残っている五編は、「本能とその運命」など、今日の精神分析理論を心理学の原理とみなす作品になっている。そして一九一五年からフロイトは、ウィーン大学で講義をし始める。その原稿を元に、出版されたのが、『入門』なのである。この本を機会に、精神分析の理論は、一般に向けて開かれたものになったと言えるだろう。

大戦期の思想として『入門』を読む

本書の論述は、『入門』の章立てに従って進めていくことにしたい。『入門』は、一九一五年から一七年にかけて、ウィーン大学の医学部で専門家と一般の聴衆を前にした講義をそのまま再現したものである。全体は大きく分けて三部立てになっている。I部「失錯行為」、II部「夢」、III部「神経症概論」である。それぞれ講義は二八あり、もっとも多くの講義は神経症論に割かれている。

『入門』の構想・発表は、まさに第一次世界大戦と同時進行だった。失錯と夢に関しては、大戦前に発想していたアイデアを大戦中に固めていったものであり、神経症については完成の途中で大戦が始まったが大戦中に完成にこぎつけた。そして本書において重要な鍵となる「ナルシシズム」を、フロイトは負傷した兵士たちを治療するなかで発見した。そういう意味でも、『入門』は、まさに大戦期の思想と言える。精神分析が医学的な学問からひとつの思想へと大きく姿を変えるのは、第一次世界大戦を契機としている。この悲惨な戦争の歴史と精神分析とのつながりは、今までのフロイト論ではあまり論じられていないのだが、本書では（基調低音のような）重要な視点になる。

本書の第1章、2章では、『入門』のI部、II部で論じられていた失錯、夢というものを考えていく。従来のフロイト論では、時代背景から切り離され、それ単体で考えられることが多かった（それはそれで面白く、自由な発想で展開されてきたわけだが）。しかし本書では、あくまで大戦期に生まれた思想という面を保持して考察していきたい。

ここまでを、第一幕とするならば、第3章以降は第二幕となり、そこでは、『入門』の第三部をていねいに読み直すことを通して、現代社会のなかでもがく一人ひとりの精神状態について考えて見たい。フロイトが、大戦中期に発見したナルシシズムというものは、戦争の時代の記憶が薄らいでいくことによって後退していったかに見える。しかし、反対に、フロイトの時代とは違う新しいナルシシズムが前景化してきた。現代の自我の姿をもっともヴィヴィッドに映し出すのは、その新しい時代のナルシシズムなのである。そこに、本書のテーマでもあり、執筆の動機となった「寄る辺ない自我」が関係してくるのだろう。豊かなモノに満ちあふれた現代社会と、混沌の極みだった世界大戦の間に、どんなつながりがあるのだろう。この探索はそのひとつの試みと言える。

なお、フロイトの翻訳は多数存在しているが、もっとも最近のものは二〇〇六年から二〇一二年にかけて刊行された岩波書店の『フロイト全集』で、本書は基本的にそこからの引用を使用する。

＊1　ジャン・ラプランシュ、J・B・ポンタリス、『精神分析用語事典』、一九二ページ
＊2　『精神分析用語事典』、四七八ページ
＊3　ルネ・デカルト、『方法序説』、四五ページ
＊4　デカルトは、科学史のなかでは、地動説を主張して異端と見なされたガリレオと万有引力の法則を発見したニュートンの間に位置づけられる。『方法序説』の正式題名は、『理性を正しく導き、学問において真理を探究するための方法の話（方法序説）。加えて、その試みである屈折光学、気象学、幾何学』というものである。代数学によって幾何学を表現可能にした部分が幾何学部分である。ちなみに哲学でよく対比されるパスカルの「人間は一本の葦である」という不安を表した有名な言葉があるが、パスカルが確率論の創始者であることを考えれば、不確実な数学的世界と不安とは連動していると考えていたということは想像がつく。

＊5 デカルトは、観察する自我と世界という二元論だけではなく、脳の松果体というところを媒介として、精神と身体がつながっている心身二元論の提唱者でもある。これも精神としての自我のあり方と物理とが密接に関連した考え方だと言える。身体は物理的な延長で、精神は内包の集まりだといった客観と主観の二元論もここに属している。

＊6 フロイトの生涯については、フロイトの弟子アーネスト・ジョーンズの伝記があったが、今日ではピーター・ゲイの『フロイト』が精神分析の世界では標準となっているので、本書での記述はそれに準拠している。

＊7 フロイトの代表的著作『夢判断』に登場する、フロイト自身の夢の分析で、「イルマの注射の夢」と呼ばれる。一八九五年の七月、フロイトはこの夢を見て、夢の分析手法を手に入れたと、友人のフリースに手紙を書いている。

＊8 邦訳もされているが、女性蔑視と反ユダヤ主義の主張につらぬかれた『性と性格』という本は物議をかもし出した。

＊9 フロイトはショーペンハウエルを熱心に読んでおり、晩年に使用した涅槃原則という言葉は、彼の涅槃哲学を取り入れたものである。ただ女性嫌いの哲学を取り入れた形跡はない。

＊10 精神分析は科学と思想、理論と実践（臨床）のアマルガム（合成物）である。晩年フロイトは、この学問そのものが「人間のナルシシズムを侮辱する」「人々が抵抗を感じる」パラダイムだと考えるようになったが、最後まで一人の医師でしかないというスタンスを取り続けて亡くなるまで患者をみ続けた。

＊11 リア・グリーンフェルドの *Mind, Modernity, Madness: The Impact of Culture on Human Experience* で詳述されている。グリーンフェルドによれば、精神病理は資本主義によって生み出された。だとすれば、精神病理学を対象としたフロイトの精神分析も社会、あるいは時代精神の産物だということになる。

＊12 フロイトの初期の弟子で『性格分析』の著者として有名なウィルヘルム・ライヒをはじめとして、フロイトの弟子たちに、マルクス主義者が多かったことは偶然ではない。当時の政治状況と科学が連動した歴史哲学がマルクス理論であり、ドイツの思想界では精神分析がマルクス主義と合体することを期待する風土があった。フロイトの弟子、フェニヘルはアメリカ亡命後も国際的なマルクス主義ネットワークを作っていた。また第5章で触れるが、一九二四年にマルクス主義を研究する機関として生まれた社会研究所に端を発する研究グループ、通称フランクフルト学派は初期にはマルクス主義と精神分析を統

合することを試みていた。エーリッヒ・フロムは精神分析家としてその研究所に呼ばれたことで有名になった。興味深いことに、二代目の所長ホルクハイマーをはじめとして当時フランクフルト学派の研究者がほとんど精神分析を体験している。

*13 一九〇四年に『プロテスタンティズムの倫理と資本主義の精神』を書いたマックス・ウェーバー――マルクスとは全く反対にイデオロギーのほうが社会を作る基本的な概念枠だと考えた思想家――が、一九一八年にウィーン大学で夏学期の講義のために四月からウィーンに滞在していたが、この年、若き経済学者のシュムペーターと対談することになった。主題はやはりもっとも旬な話題「ロシア革命」で、シュムペーターはロシア革命を楽観的に捉え「社会主義は今や机上の空論ではなくなり、その存在能力を示すに違いない」と言ったが、ウェーバーはやや激高して「今のロシアの発展段階で共産主義などというのはまさに犯罪である。その道は未曽有の人間的悲惨を通して恐るべき破局に終わるであろう」と述べた。どちらの予測もある意味ではあたっていたが、シュムペーター（当時三五歳）はロシア革命を実験として評価したが、ウェーバー（当時五四歳）は現実の社会を見てきたその洞察力から、その後の共産主義で起きた人間的悲惨を予測していたと言えるだろう（大林信治『マックス・ウェーバーと同時代人たち：ドラマとしての思想史』参照）。ウェーバーの議論はルターやカルバンのプロテスタンティズムに内在する、真面目さ、フロイト的に言うならば、強迫が資本主義の大きな流れを作る原動力だったと述べたものだが、それは同時に「群衆」を作り出し、その有象無象の集団こそ、全体主義、独裁制をドイツに、革命をロシアにもたらした原動力でもあった。ウェーバーは職業としての大学人であり、政治に深く関わってきたために、共産主義には現実問題として距離をとっていた。

*14 「モダン」を考える上で留意しておきたいのは、科学哲学と現象学という二つの方法論の登場である。重要なのはエルンスト・マッハである。フロイトが『ヒステリー研究』を出した一八九五年五月、エルンスト・マッハがウィーン大学に新しく増設された「帰納科学の歴史と理論」という科学哲学講座の担当教授として招聘されている。帰納は、数学的な方法論に起源を持つが、マッハは、一元論的な科学哲学の先駆者であり、その考え方が、三〇年代にウィーン学団が形成されるという意味で分析哲学を生み出す契機になった。物理学や数学がモデルとなって論理的な哲学を作り出す基盤を作ったし、何よりもアインシュタインに相対性理論の着想を与えた人である。時代は大きく科学の方法論のほうに傾いていた。

*15 フッサールと同時代に数学の基礎論を考えていたのは、その後の分析哲学に大きな影響を及ぼすゴットロープ・フレーゲだった。彼は自分なりに論理学を構築して、今日の論理主義の先駆的な仕事をした。クルト・ゲーデルの「不完全性定理」の登場によって、その計画は大きな挫折と出合うにしても、当時、アラン・チューリングを含めれば、論理学と論理主義は、後にコンピューターという大きな領域を作り出す基盤を議論し始めていた。

*16 ランクは一九〇九年「英雄誕生の神話」という論考を上梓している。彼は神話をもとにコンプレックスの解明を行った。彼の打ち出した「出生外傷」は、当初エディプス・コンプレックスを証明するための仮説だったが、彼は次第に独自の立場をもつようになって、あらゆるコンプレックスの基盤に出生があると考えるようになった。

第1章

錯誤：意識の失敗

『精神分析入門講義』は、「失錯行為」に関しての論述から始まっている。
「うっかり」や「ぼんやり」ではなく「しっかり」した意識のもとに繰り返される
失敗の背後に隠された意味をフロイトは深く考えた。
そして、そこに心の病－神経症への入り口を見出した。
フロイトがここで獲得した「無意識は失敗に宿る」という発想は、
精神分析をはじめ他のさまざまな領域に応用することができるものだが、
本章では、それを現代社会での局地戦争、テロという
人類の失敗を考察するための道具として利用してみたい。
そのような意味でも、大戦期に生まれたフロイト思想はまぎれもなく、
現代までつながる普遍的で強靱な思想と言えるだろう。

「失敗」とは何だろうか。『失敗の本質――日本軍の組織論的研究』という著作があるが、そこでは、第二次世界大戦のなかで、日本軍が繰り返し起こした失策を取り上げて、その誤謬がどのように敗戦に繋がったかということが描かれている。*1 この視点はある意味フロイト的と言えるかもしれない。フロイトは、失敗を間違いとだけ考えるのではなく、ある種の達成と捉えること、あるいはその意義を考えることを提案する。フロイト流の精神分析の入り口として、失錯から入ることは、その意味で重要な切り口だと言える。

1 「失錯行為」について考える

ぶつかり合う私たちの意識

フロイトが『入門』のなかで最初に取り上げるのは「失錯行為―Fehrleisung」である。いわゆる「言い間違い」などの失敗のことだ。しかしフロイトの使う「失錯行為」という言葉の本当の意味は日常生活で起こしてしまう単なる言い間違いとか、失敗だけを指すのではない。心理学にはヒューマンエラー研究というものがあり、膨大な事例蓄積があるが、そこでいう失敗は、失意識や見当識の喪失などが原因となる、文字通りのエラーのことだ。しかしフロイトは、「失錯行為」という言葉を使うとき、そこに「意図」「原因」「目的」といった積極的な理由を見ようとした。そして、そうした研究はほかに類がない。フロイトはすべての失敗を単純に「無意識」だけに還元するような態度は、科学者として問題だと考え、そこに意識と無意識の「葛藤」があると考えた。

「葛藤」の一例として、最初にフロイトが挙げている例はドイツの作家シラーの『ヴァレンシュタイン』の一節なのだが、これはあまり馴染みがないものと思われるので、ここではフロイトの当時の愛弟子オットー・ランクが挙げている、シェイクスピアの『ヴェニスの商人』の一節を挙げたい。

ご存知のように、この物語の中心は、裁判でユダヤ人の高利貸しシャルロック相手に「肉は切り取っても良いが、契約書にない血を一滴でも流せば、契約違反として全財産を没収する」とやり込めるポーシャという女性の活躍を描いた物語だ。主人公のヴァサーリオという青年は、富豪の娘ポーシャと結婚するために、アントニオにお金を借りようとする。ところがアントニオのお金は航海中の船のなかにあるので、アントニオはユダヤ人高利貸しシャルロックにお金を借りる。その契約で人肉を違反金の代替として契約してしまうが、アントニオのお金を積んだ船が転覆したことで大変なことになってしまう。いわゆる「人肉」裁判がそこで起きる。ポーシャは法学者に仮装して、その裁判でシャルロックをやり込める。言い間違いはメインの裁判の場面ではなく、そのポーシャがヴァサーリオへの愛情を語る場面で起きる。話の筋書き的にはそれほど面白い場面でもないのだが、ポーシャが法学者に変装して恋人であるヴァサーリオの協力者アントニオを守ろうという賢い行動を考えれば、彼女が自分の愛の衝動と、冷静さを保とうとする気持ちに切り裂かれている内面をうかがうことができる。

でも、それでは誓いを破ってしまいます。
それはしたくありません。でも、それじゃ私を引き当ててくださらないかもしれません。
そうなると、誓いなぞ破っておけばよかったなどと、
あなたのせいで私は罪深いことを願ってしまいます。
ああ、私をお見つめになるその眼が、私を引き裂くのです。
私の半分はあなたのもの、後の半分はあなたのもの
いえ、私のものと言おうとしたのです。でも、私のものはあなたのもの、
ではやっぱり、全部、あなたのもの[*2]

ポーシャが優れて明晰な女性であるということは、この後に裁判の舞台でシャルロックをやり込める彼女の活躍を見れば明らかになる。アントニオと婚約者ヴァサーリオが自分に気がつかないように変装するという機転を利かせ、恋人にわざわざ指輪を引き渡す条件まで出させて、後でその秘密を明かす後日談まで用意する女性だからこそ、こんな言い間違いをするとは思えない。だが愛欲の情念が、意識の明晰さと対峙して葛藤を生み出し、その明晰さのために言い間違えをする。

全部私のものなのか、あなたのものなのか、そして半分ずつならわかりやすかったのにと思わせながら、明晰な意識は、結局自分がない。全部あなたのもの、という逆説的な理解を引き出す。

つまりポーシャは、自ら言い間違いを正すことで、「全部あなたのもの」という洞察に至る。つまり自分の恋の気持ちが非常に強いものであるにもかかわらず、それは言いにくいことであるということに自ら気がついている。言い間違いが、発話者に新しい理解をもたらしていくプロセスが、シェイクスピアのこの短い言葉のなかで示されている。

フロイトが失錯行為を論じる際の考え方は「意図」や「意向」を読み取れるという点に特徴がある。「意図」というのは、何かをするとき行動の動因となるものだし、「意向」は注意が向いている方向を含んでおり、それは表面上の「意味」とは異なった方向を示すことがある。普通の発話においては、妨害する意向と妨害される意向が反対方向に向かう場合が多々あるのだ。精神分析において重要なことは、言い間違いを検討していく過程でそこでの意識の流れ、そこで生じる「葛藤」に気がついていくプロセスなのだ。[*3]

私たちの意識の三つの段階

ちなみに私たちの意識や気づきには、日常語で以下のような三段階の意識状態がある。

一：「うっかり」意識：ヒューマンエラーに属するような主観的な世界でのみ判断が完結するような状態。

二：「しっかり」意識：選択的注意が有効で、主観的に統計的な論理が働くような世界。つまり自らの意思でしっかりと選択していると意識している状態。[*4]

三：「ぼんやり」意識：周辺知覚に存している場合が多いが、しばしば解離症状のように、抜け落ちた記憶が働くような世界。

フロイトが主に考えていたのは「しっかり」意識での失敗である。意識がはっきりしているにもかかわらず失敗してしまう、そんな場合を「失錯」と考えた。

「失錯行為」に対応するドイツ語「Fehrleistung」は、Fehr＝「失」と、Leistung＝「達成、行為」という二つの言葉が複合したものだが、Leistungには「行為」という意味だけでなく、「達成」という意味があることに注目したい。

私たちがある人に失礼な言い間違いをしたとする。そしてその後、意識せずに二度、三度同じ言い間違いをしたとすると、そこでようやく、実は「相手に失礼なことをしてやりたい」という意図が無意識にあるからなのではと思い始める。それは「相手に失礼のないように」という意識的な意図は失敗し、「相手に失礼なことしてやりたい」という無意識的な意図が成功しているということに気がつく。意識的な失敗が無意識的な達成であることがあるのだ。ドイツ語の「Fehrleistung」という複合語は、その両義的な意味内容を伝えている言葉なのである。[*5]

フロイトの翻訳（特に英訳）について批判的な本を書いたベッテルハイムは英語のparapraxisという造語より、相矛盾する語であるfaulty achievement（過失達成）という訳語が良いと語っている。[*6] 意味の流れとしては、「うっかり（過失）」の後に「しっかり（達成）」が介在してくるので、ベッテルハイムは、この「過失達成」という言葉に、フロイトの考えていた「過失」なのだけど「達成」でもある「意図の食い違い」という意味を取り入れたのである。

2 ヒステリーと解離

催眠療法に対しての毀誉褒貶

前述した「ぼんやり」意識は日常生活のなかにも散見できる。この状態は催眠状態に近くフロイトは「類催眠」という言葉を使ったが、心理学的には「変性意識状態」である。よく催眠状態になると眠っているけれど言葉に反応するような意識状態になるが、そのような状態のことである。宗教的な儀式では、この変性意識状態になることがよくあるが、集団ヒステリー的なパニックが起きるときも、人々の意識は一種の変性意識状態になっていると考えて良いだろう。この変性意識状態はギリシャ時代から「ヒステリー」として報告されてきた。ヒステリアの語源が「子宮」にあるように、古来、ヒステリーは女性の病とされてきたし、今でも日常語「ヒステリー」は女性に対して使われることが多い。この病気が科学的に扱われ始めたのは、貴族や王族が支配していた時代から市民意識が生まれた時代、つまり自立した国民意識が芽生える時期である。そのころトマス・シデナムという医師が、動物精気とその発散、つまり体のなかを精気が動き、それが発散されると考え、女性ではヒステリー症状を、男性ではヒポコンドリー（心気症）を生み出すと考えるようになった。

体のなかのエネルギーという発想は、その後、精神分析にも流れ込んでくるが、この考え方を、催眠療法の歴史のなかで捉え直したのが、アントン・メスマーだった。メスマー（メスメル）と動物磁気、そして催眠療法の歴史については、これまでにも多くの論考が書かれてきた。例えば『パリのメスマー』は現代文化史のなかでの催眠興業や医療の科学化の一断面を描いた秀作だ。[*7] メスマーは啓蒙主義時代の申し子として、天体と体をパラレルに語る宇宙論を持っていた。その考えは、天体と人間の身体が似ているとか、宇宙が地球と似ているといった類似の原理に基づいて、物体に対する磁石のように、人間に対しても影響を及ぼす動物磁気が流れているといったものだ。そのため当初は実際に工業化で大量生産されるようになっていた磁石を使って多くの病気の治療にあたっていた。そしてこの磁石から催眠、つまり暗示を用いた治療を発見したという点で心理療法の出発点にアントン・メスマーの名前が残っているのである。彼はドイツ出身だったが、盲目のピアニストとの恋愛関係のなかで、その生き方までもスキャンダル化されて、結局はいんちきというレッテルを貼られてパリに亡命、そこで催眠を使ったさまざまな治療を行った。フランスに移住したころのメスマーは、磁石を使わずにバケという桶を使って暗示治療するようになっていたが、結局はその催眠行為のいかがわしさのために、パリも去る羽目に陥る。だが彼の弟子たちが催眠に関する協会（調和協会）を作ったので、フランスでは長い間にわたって、催眠療法の伝統が残った。[*8]

そして一九世紀末、フロイトの先輩であった内科医のヨゼフ・ブロイアーは、自分が家庭医を務めていた家で、その家の娘ベルタ・パッペンハイム、後に精神分析の歴史のなかで最初のヒステリー患者の報告として有名になる「症例アンナ・O」を治療する。その方法は催眠療法であり、このことからヒステリー患者たちに催眠療法を使う習慣は、ヨーロッパの医者たちの間ではすでにある程度のコンセンサスを持っていたということがわかる。

そのころフロイトは脳の研究者としてフランスに留学するが、そこで彼は催眠療法を実践している神経医学の大家シャルコーの講義に出席する。いわゆる火曜講義と呼ばれる、その講義はヨーロッパ中の医師が集まっていたが、そのなかでシャルコーが行っていた講義とヒステリー患者を呼んで行う催眠の臨床提示に、フロイトは心酔する。そしてフロイトはウィーンに帰ってから、シャルコーの強い影響で懸命に催眠療法を実践しようとしたのだった。シャルコーの臨床講義においてヒステリー症状のデモンストレーションの部分は、特定のヒステリー患者との共謀であったということが、彼が写真で残したヒステリー図像に関して分析した『アウラ・ヒステリカ』という本で分析されている。[*9]

また興味深いことだが、シャルコーが教授を務めていたサルペトリエール病院で彼が担当した病棟には、てんかん患者とヒステリー患者が混合されていた。ヒステリーの発作には、てんかんの発作が少なからず影響を及ぼしている可能性が高いからだ。そもそもヒステリー発作は今日、街中で見ることができない発作だ。弓なりになったり、痙攣を起こしたり、そうした発作は当時の医学で大発見として報告されていたが、今では見られない。医学が作り上げた図像が先で、それを患者たちが暗示によって発症するという経路は、ややこっけいかもしれないが、ヒステリーが模倣、暗示の病だとすれば、この説は取り下げることのできないものとして、現在でも残っている。

二つのヒステリー

ヒステリーは、古典的な精神病理という学問の基本的な考え方では記憶と意識の障害を生み出す「解離ヒステリー」――一時的に記憶がなくなったり、多重人格的な態度を示すなどの症状――と、身体症状を生み出す「転換ヒステリー」――一時的に歩けなくなったり、声が出なくなったりするなどの症状――とに大別できる。フランスの精神医学は（ジャネが典型的だが）解離ヒステリーの研究を中心に発展していき、変性意識状態という言葉に代表できるような、意識の水準が変わるような心理的な変化が研究の対象になっている。日常生活における解離現象は「ぼんやり」した意識下で起こることが特徴であり、その症状は、戦争神経症と被虐児の病理のなかから発見されやすい。戦場でひどい外傷を受けると、戦場から帰ってきても、ひどい音におびえたりするが、そのとき、意識の解離が起きやすい。また家庭で長い間、虐待を受けて育つと、人格の乖離を起こしたり、多重人格的な同一性の障害を生み出したりしやすいが、解離もその症状の一つだ。二つの大戦やベトナム戦争などの悲惨な戦場で、そして家族崩壊のなかで虐待を受けた子どもたちの心のなかに、解離が再発見されることによってジャネの理論は見直されるようになっていった。

フロイトは、自分のヒステリー論が、ジャネのヒステリー論（解離論）と似ていることを意識しながらも、なぜ「ぼんやり」した意識にジャネほどこだわらなかったのか、そこは『入門』の理論展開で重要なところだろう。フロイトは、シャルコーのところから帰って、催眠療法を実践するなかで、催眠暗示に従わない患者たちを前にして、どうしたら催眠療法技術を上達できるのか悩んで、再度フランスのナンシー地方を訪ねている。そこではリエボーという民間療法家の催眠療法のうわさを聞きつけたパリ大学の心理学者ベルネームが、リエボーの催眠技術を心理学的に検証する作業をしていた。ベルネームは、深い催眠、つまり変性意識状態にかかるような暗示だけではなくて、日常的な教示も暗示だと考えていた。つまり日常的な解離も含めた広い範囲の「ぼんやり」を研究の対象にしていたのだ。普通、催眠の研究と言えば、極端な意識変化、変性意識状態のことだけだと思われるだろう。だがベルネームはリエボーの実践を見ながら、普通の意識、ぼんやりした意識、そして解離状態、変性意識状態という段階的な流れは連続した意識状態であると考えるようになった。

フロイトは、ベルネームに催眠にかからない人たちの相談をしつつ、ヒステリー患者の健忘についての話をしていたとき、彼から「彼らは知っている」という決定的な言葉を耳にする。意識が催眠や解離と連続しているなら、つまり記憶の喪失に見えるような健忘を起こす病気の原因となる外傷的記憶があっても、彼らは忘れていない。「知っている＝憶えている」とベルネームは言うのだ。ベルネームのところから帰ったフロイトは、この言葉に励まされて、前額法――変性意識状態を目指すのではなく、患者の額に手を当てて、「思い出してください」と言い続ける催眠的な想起の方法――という彼独自の方法を開発する。このような流れを見れば、フロイトが解離、つまり「ぼんやり」した意識ではなく、明らかに「しっかり」した意識、主観的に明晰な意識のほうに最初から関心を寄せていたことがわかる。

言い換えれば、フロイトにとって、意識の失敗は、明晰な意識のなかに存在する穴のようなもので、主観的に「しっかり」した意識を維持しておきながらも失敗するものなのだ。そして、そんな失錯行為が無意識のなかにおける明快な意識の表出として注目すべきものだと考えるようになった。『入門』の入り口に、失錯行為を置いたのはこのような経緯からなのだ。反対に、「ぼんやり」した意識を主題にしてしまえば、それはジャネらフランスの精神医学者たちが考えたように、人間の主観がそもそもあてにならず、多くの下位意識によって影響を受けているという方向に研究を進めていくしかないが、その方向だと上述の「うっかり」と「ぼんやり」は区別できないし、意識のなかに侵入してくる無意識の証拠にはなりにくい。

フロイトにとっては、「しっかり」した意識を核とする主体的意思決定の場としての「自我」、それを治療の場に乗せる、精神分析の文脈のなかに定位する、これがフロイト精神分析の重要な点のひとつなのだ。

まじめでしっかりとした人の心の病

こうした意識についての考え方はフロイト後の精神病理学にも大きな影響を与えた。彼が関心を持った精神病理モデルは転換ヒステリー、つまり発作、失声、失立などの身体表現のほうに行く病であったことは注目すべき点である。彼にとっては主観的に意識がしっかりしていることが前提で、その上で、心の問題が身体や行動に現れるような回路が重要だった。わかりやすい言葉で言い換えれば、まじめでしっかりした人が「適応不全」や「心身症」になる場合に注目したのだ。フロイトが初期に描いた「ヒステリー図式」には、心の基本的な四次限が内と外、そして精神と身体とに分けられるものとして描かれている。フロイトにとって、ヒステリーとは、身体の回路に閉じ込められた、心で意識できない外の体験、その出口としての身体表現というべきものだった。

ここまでくればフロイト後の精神分析のなかで長期にわたって、ぼんやりとした意識変容、つまり解離が主題として抜けており、逆に不安ヒステリー、転換ヒステリー、そして強迫神経症が最初の主題になった理由がわかるだろう。それは、フロイトが精神分析というものをしっかりした意識を前提にして考えていたためだ。

フロイトは、神経症の三形態として不安ヒステリー、転換ヒステリー、強迫神経症という分類をしていた。

不安ヒステリーは、現実の外的な問題に対処しようとするときに喚起された内的な葛藤が原因になり生じるものだ。また転換ヒステリーは抑圧の強い力で行き場・出口をうまく見つけられない記憶や情動が身体的な回路を通じて表現されるものだ。そして強迫神経症は、意識の強い力で問題を隔離しようとしたものの、かえってその問題が繰り返し想念として回帰してくることから生じる。つまり三形態のどの神経症においても、意識はしっかりと明晰なのだ。つまり、しっかりと意識している、十分に明晰な判断を持っている人が、心を理由に病気になるというのがフロイトの考え方なのである。

3　意図と意向：語用論

「意味」と「意図」と「意向」の方向性

ここで少し精神分析から離れて「意図」あるいは「志向性」という言葉の重要性について考えておこう。

フロイトは失錯行為の定義のなかで、対立する「意図―Absicht」と述べている。そこでフロイトは「意味―Sinn」と「意図」、そして「意向―Tendenz」とを分けて、言葉の「意図」の干渉が起きると考えている。「窓を開けてください」と言う場合、「開ける」という言葉自体は行動を表する単なる意味にすぎないが、「窓を開けてください」という言葉が、誰かに対して何かをすることを指し示そうとしているのであれば、そこには「意向」が含まれており、その発話の理由が「意図」になる。フロイトによれば、一連の作用、行為に伴う、たいていの意味はある意図を持っており、そこには何か誰かに対しての意向も伴っている。フロイトによれば、次のような言葉になる。

ひとつの心的な過程の「意味」ということで私たちが何を考えているのか、確認しておきましょう。それは、この過程が果たそうとする意図、あるいはその過程が心的な系列の中で占める位置にほかなりません。私たちが検討する事例の大概については、「意味」はまた「意図」や「意向」という言葉によっても置き換えることができます[*10]

そしてフロイトは、この意向という「方向性のある言葉」を用いて失錯行為の説明をする。発話において何を言わんとしているのかという意図がそこに含まれている場合、そこに別の意図、あるいは意向が干渉してきて、違う意味を持った言葉を使ってしまうのだ。

ある一定の意向を実行するのではなくそれを抑え込もうとする意図があるなら、この抑え込みはうまく行ってその意向も何ら表現されるに至らないはずだし、あるいは抑え込みがうまく行かず、抑え込まれようとした意向がもろに表面に現れてきたりすることはないのか、こう問うこともできるでしょう。[*11]

ウィトゲンシュタインとフロイトの関係

思想史の文脈で見て、「意図」に関して重要な貢献をしたのはウィトゲンシュタインだろう。彼の立場は前期と後期で際立って異なっているが、その両時期ともに言葉の問題を扱っているのは変わらない。ウィトゲンシュタインは、ウィーンの豊かな家庭に生まれたが、偏屈な、しかもかなり病んだパーソナリティの持ち主だった。彼の前期思想をまとめた『論理哲学論考』は第一次世界大戦従軍中に熟考され、戦後、一九二二年に出版されて現代の論理実証主義と呼ばれる大きな流れのなかで、思想界に大きな影響を与えた。「命題は諸要素の命題の真理関数である」という一つひとつの命題を論理式によって結合させていく原子論的な記述法、そしてそれを真偽の論理的なつながりによって判定する考え方を含めて、現代論理学、数学の表現記述法の基盤を作ったのは、彼の『論理哲学論考』だった。序章の注14にエルンスト・マッハのことを書いたが、マッハのようなウィーン実証主義の人たちが、ウィトゲンシュタインの本を、命題論理の優れた実践と捉えた。その『論理哲学論考』序文には、思考についての非常にストイックな概念が出てくる。

この本は、それゆえ、思考に限界を引こうとする。いやむしろ、思考にではなく、思考されたものの表現に限界を引こうとする。というのは、思考に限界を引くためには、この限界の両側を思考できなければならない（それゆえ思考できないことをも思考できなければならない）ことになるからである。つまり、限界は言語の内部でだけ引くことができ、限界の向こう側は端的に無意味であろう。*12

またこの本の記述は、箇条書きの文章がひたすら続く。すべてをそぎ落とした文章は、数学の証明のように厳密なものだが、アンソロジーと言うか、詩のように読まれてきた。

一・〇二　世界は、諸事実へと分解される。
一・二一　他のすべては不変のままで、あることがそうであったり、そうでなかったりすることができる。
二　そうであること、つまり事実とは、諸事態の成立である。
二・〇一　事態とは、諸対象（事物、物）の結びつきである。[*13]

有名な「語られざるものは沈黙せざるを得ない」という言葉、世界の写像仮説といったさまざまな重要な論理主義的な発想が『論理哲学論考』から生み出されたが、これらの考えはウィーンの論理実証主義をはじめ、科学哲学の論理主義的・表象主義的な考え方に大きな影響を及ぼした。だが当のウィトゲンシュタインは、哲学の課題は終わったと宣言して哲学をやめて学校の先生になってしまう。そんな彼を、哲学を通して知り合ったラッセルやケインズらが懸命に復帰させたのだが、その復帰後にイギリスのオックスフォード大学の教員として行った講義は、後期ウィトゲンシュタインの思想と呼ばれ、これまでの論理主義とは全く違う姿になった。それは従来の数理論理的な発想、つまり言葉は論理のつながりであり世界はその像であるとみなす表象主義的な発想とは全く異なる哲学で、言語ゲーム論と呼ばれる。言葉を論理的な意味の視点からではなく、行為として、宣言、祈り、説得といった振る舞いとして考えるようになったのだ。彼は後期にはまとまった本を出さなかったが、彼の弟子たちが彼の言葉を本にして草稿のようなものを集めて何冊か本が出されている。例えば『青色本』『茶色本』は、ウィトゲンシュタインが学生たちに後述させたノートを没後に出版したもので、それだけ彼の講義は言葉の宝庫だとみなされていた。*14

この後期ウィトゲンシュタイン思想は、言葉についての新しい知見をもたらして、続く世代に二つの流れを生み出した。ひとつは「日常言語学派」という流れで、私たちの言葉の運用が世界を構築しているのであり、その日常的に用いている言葉を分析していくことが哲学の仕事だと考えるものだ。「私たちの使っている言葉はカテゴリーミステークを生み出しやすい」という概念の再検討の場となった学派でもある。例えばライルの『心という概念』が代表著作で、ここでは、心をあたかも単体と考える発想は間違いだという論旨になっている。

もうひとつの重要な考え方は、日常言語、言葉をゲームだとみなした考え方を延長した、言語行為論で、言語学の領域では「語用論」と呼ばれるものだ。その考え方は、『言語と行為』を書いた代表的な論客オースティンが述べているように、私たちが何かを言葉にするとき、それは人に影響を与える「意図」を持っているとするものだ。例えば、ある人がそこにいる別の人（Bさんにしよう）に「この部屋は寒い」という命題を述べたとする。それは「発話行為」だ。だがその言葉は同時に行為として、Bに寒いから、暖かくしたいという「意図」を伝えている。そしてその言葉を聞いた

Bが、近くにあった暖房のスイッチを入れたら、その命題が同時に「媒介行為」となっているわけだ。言葉というのは、そうした「意図」を含んで発話されると考える。そしてBの「行為が達成された」ら、言葉が人を動かしたことになる。オースティンは、これを「発話の力」と述べた。*15

発話によって、相手に影響を及ぼすことを言語の行為とみなす考え方は、文法論である統語論、意味論に加えて、語の使用論である語用論という三つ目の領域を言語学に付け加えた。ここで重要なことは「意図」である。

相手に対して「寒い」と発話することは、相手に近くにあるヒーターを動かして欲しいという意図があり、その意図を実現することで言葉は力を持つ。だとすれば、フロイトが言う言い間違いは、意識的な意図とは別に無意識の意図、あるいは目標を持った意向が干渉するからこそ起きるという理解になる。無意識の力が相手に影響を及ぼすように、発話された言葉がその行為に影響を与えるなら、行為のレヴェルで起きるこの干渉こそ、その人の心の全体を間接的に現しているということになる。*16

4　行動化

今の自分と過去の自分の葛藤

臨床場面で起きる「失錯」つまり「失敗」を、精神分析の現場でフロイトは不可欠な要素と考えるようになる。だからフロイトは、治療の間に起きた奇妙な行動のことを、「行動化― Agieren」と呼び、かなり幅広い範囲で、治療の対象だと考えるようになった。行動化は本人の意図とは別に、無意識の意図との間での葛藤や干渉が誤解や空想、そして行動として現れてくることを言う。フロイトが『入門』刊行の前年に書いた「想起すること、反復すること、ワークスルーすること」という論文のなかで述べていることだが、過去の人間関係を現在の治療者との間で反復する行為などもそのひとつだ。

例えばクライエントから見て診察中のセラピストの言うことがどうも権威的に感じられ、腹を立ててしまい、思わずクライエントはセラピストのことを「おとうさんは」と言ってしまったりする。つまり治療室のなかでセラピストとクライエントの間に過去の親子間に類似した関係性が起こっており、そのことを意識したくないにもかかわらずクライエントは、思わず言い間違いをしてしまう。現実のセラピストが父親ではないとは知りつつ、クライエントは自分の権威に対する葛藤が大きくなって、感情が高ぶり言い間違えが起きたと考えられる。

患者は忘れられ抑圧されたことを何も想起せず、それを行動化する、と言ってよいだろう。彼は記憶としてではなく、行為としてそれを再生する。もちろん、反復していると知らずにそうするのである。[*17]

行動化は、誤解や失錯行為、あるいは感情的な反応を引き起こす。アメリカの精神分析家ギャバードは、しばしばセッションが終わったときに患者が示す「去り際の台詞―Exit line」について実際の例を提示している。[*18]

マージョリーという若い女性は、境界例パーソナリティ障害で、母親との難しい関係を過去に持っている。分析的なセッションが終わって、コートを着ようとして、袖につかえてなかなか着通すことができない。分析家は後ろに立って、コートを着させる手伝いをしようとする。すると彼女は烈火のごとく怒り「触らないで」と叫んでさっさと去っていった。一週間後のセッションで、彼女は自分が知り合いになった男性の話をし始める。前回のセッションでの激怒した自分をすっかり忘れてしまっているのだ。そこでギャバードは言う。

何が起きたか憶えていないと患者がいっても、私は何とか粘って、怒りを爆発させたことを彼女に思い出させた。私がコートを着る彼女を手助けした理由について彼女を子ども扱いしたいという以外に何か考えつかないかと尋ねる。そうすることで、私は彼女のメンタライズ（状況と気持ちを想像するの）を手助けしようとする。このようにして私は、彼女自身の知覚だけというよりも多重の視座という観点で考えられるよう彼女を励ましているのだ。私はまた、彼女の「自分でない」（爆発的に怒る）部分がいまこの瞬間にこの部屋で私の隣に座っているのと同一人物であるということを彼女が認識すると、私が彼女にうんざりして見捨てるであろうということが彼女には酷く心配なのかもしれないと示唆すると彼女は、自分がこの分割の機制を用いる理由を憶えていないので、私はそれを説明する転移解釈をも成している。彼女は、自分の怒りが爆発的で容赦のないものであることを知っており、私を失う危険は犯したくないと思っている。*19

この文章で「多重の視座」という現代精神分析の概念や「分割」の防衛機制という難しい概念が登場しているが、簡単に言えばギャバードがやっていることは、彼女が前回のセッションで思わず叫んでしまったことを思い出させて、別の視点から、その失錯の意味を考えてもらうということだ。その失錯には今の自分でない部分、普段の意識にはない分割された自分が出てきて、今の自分との間で葛藤を起こしやすいので、忘れてしまっているものが突然、激怒として現れたのだと説明している。このように自分が思わず怒鳴ってしまったことを忘れている患者に対して、ギャバードはそこで何が起きたかを考えるようにすることで、行動化を意識するように導いているのだ。フロイトが言うように、行動化を地道に取り扱うことが「想起」（フロイトの使用している意味としては、自己の行動を意識化できることであり、それを自分の記憶として使えるようになること）への道だとすれば、失錯行為も同じように、立ち止まって考えることで、その意味だけでなく、本人の意図や意向が見えてくるのだ。

ちなみにこうした誤解や誤知覚が私たちにその意図や意向を示してくれるようになるには、時間をかけた治療による、ゆっくりとした想起が必要になる。フロイトが描いた「行動化」は、どちらかと言うと治療場面で起きることだが、こうした失錯や失敗は、治療の外でも起きることでもあるからだ。

現代の精神分析では、フロイトの「想起ではなく行動」という意味での行動化をセッション（治療）のなかで生じたアクティング・インあるいはエナクトメント[*20]と呼び、治療期間中、つまりセッションとセッションの間で、クライエントが外の人間関係での齟齬や事故、あるいは失敗や失錯行為を起こしてしまう場合をアクティング・アウトと呼んで分けることがあるが、前者のエナクトメントは、重要な治療局面で起きることが多い。

言い間違いなどの失錯行為を、前述の言語行為論、つまり言葉はそれによって人を動かす行為であるという視点まで入れて考え直すなら、そこには複数の意図が交じり合って無意識に動いている部分があり、意図のぶつかり合いが言い間違いを、そしてその言い間違いを扱う治療者の言葉が、さらに別の意図の発見を連鎖的に生み出すようなやりとりを考えることができるだろう。逆に言えば、私たちは失敗から膨大な情報を得ることができる。フロイトは言い間違いが生理的な疲労などで起きることを否定しないが、精神分析の研究にとって重要なことは、そこに異なる「意向」の「干渉」があると考えて注意深くそれを探求していくことだと言っている。

言い間違いの場合でも、二つの異なった語りの意図の遭遇、相互干渉からそれが説明されるということが見て取れます。違いが生じるのは、先の場合だと一方の意図が完全に他方に取って代わり（代替）、言い間違いの際に逆になってしまったのですが［略］、一方の意図は別の意図を変形させ変容させるにとどまり、その結果、二つが混じりあった形が出来上がるからです。[*21]

「フロイトの言い間違い」とフロイト・ブーム

「干渉」という言葉をフロイトは、言葉の言葉に対する干渉現象というかなり言語学的な意味で使っている。つまり主観的な世界から見て「自分は慎重に行動して失敗などおかさないはずだ」思っているにもかかわらず、どうしても失敗が繰り返されるような場面には、意図や意向に関して違う方向からの干渉が起きていると言うのだ。

もちろん、一般の人たちは、こうした体験はそれほど多くないだけでなく、「無意識の意図」というものを想定することに胡散臭さを感じることだろう。失錯行為の語りにフロイトが慎重なのもそれが理由だ。

一時期、精神分析が流行ったときに「言い間違いをフロイトに言わせれば何でも無意識の葛藤として解釈されてしまう」という意味で、彼を揶揄して「フロイトの言い間違い─freudian slip」という言葉が盛んに映画や小説のなかで登場することがあった。このフロイトの馬鹿げた「うそ」という感覚は、分析家たちが精神分析を語るときに出合う、一般の人たちの共通の反応なのである。

確かに私たちの主観的世界は、大半は無意識によって動いているし何らかのバイアスに満ちた偏ったものだ。一般の人たちが、フロイトについて知らなかった時代には、その考えはただ胡散臭いものだったろうが、一度フロイトの主張を知ると皆が関心を持つ。これが一時期米国ではフロイト・ブームを起こした。でもそれは同時に、その理論を自分に当てはめてみようとすると、大きな抵抗が生じるので、胡散臭さが倍増してしまう。フロイトが持っていた慎重な態度は、残念なことにブームとともにどこかに消えてしまうので、胡散臭さだけが抵抗感として残ってしまったのだ。

5 フロイト的自我と第一次世界大戦

第一次世界大戦とフロイト

フロイトがこの時期多くの論考を書けたのは第一次世界大戦で、患者を診る時間が減ったことが、直接の背景だったと序章で述べた。

そもそも二〇世紀を「戦争の世紀」と呼ばせるその大戦の勃発は一発の銃声だとされている。オーストリアの皇太子がサラエボで暗殺された事件に端を発して、オーストリアがセルビアに宣戦布告したことから第一次世界大戦は始まった。オーストリアが宣戦布告して、それにドイツが追従し戦争へとなだれ込んでいく状況というものは、タックマンが『八月の砲声』で書いているように、多くの人にとって全くわけのわからないものだったようだ。一九一五年「戦争と死についての時評」という論考でフロイトは「われわれは、この戦時の渦に飲み込まれ、一方的な情報しか与えられず、すでに実行されたか、あるいは実行され始めている様々な大変動から距離を取ることができず、未来がこれからどのような形になっていくかを察知することもできないでいる」と書いている。*[22]彼は「幻滅」について語り、「良心」こそが実は、その起源から「社会的不安」であり、「共同体が非難を止めるところでは、悪い欲望の抑制もなくなってしまう。そして人間は、残忍、悪意、裏切り、粗暴の行いをする」と言うのだ。*[23]

ここで「うっかり」でも「ぼんやり」でもない「しっかり」とした意識を、フロイトが自身の精神分析の方法論において求めたもうひとつの背景は、この戦争ではないかという考えが思い浮かぶ。人間の関係性においてうっかりですまないものがあるとすれば、闘争やケンカに発展するようなものであり、その失策の結果ドイツは、戦争に巻き込まれ、一九一六年から「カブラの冬」と呼ばれる飢餓に苛まれた。[*24]

後述するように、戦争に関する論考は戦後にもうひとつ、国際連盟の国際知的協力機構の発行するシリーズの一冊として、アインシュタインとの間で行われたやりとりがある。[*25] そこでのフロイトは、さらに踏み込んで、愛の絆に期待しながらも、文明の持つ破壊の不可避さを語っている。[*26] フロイトのこの論考を、この後に続く大戦とともに考えると、人類にとって戦争という「失敗」が不可避だったことのように読める。ここでフロイトの考えている暫定的な対策は、エロスによるもの、そして共同体の一体感による解決だが、同時に破壊衝動への無力さも語られている。フロイトは『入門』において精神分析の基礎を示した後、さらに「自我」について考えを集中していき、「自我心理学」を構想するなかで、集団心理学と自我の関係についての論考を書く。そこでの彼は、社会のなかで一種の催眠現象が横行し始めていて、それを直視せざるを得ないような歴史的な文脈のなかにいたのだ。それは飢饉、パンデミック、そしてハイパーインフレーション、そして独裁への道のなかで次第に次の戦争へと導かれていく。

「エナクトメント」として戦争を考える

意識を明晰に、明瞭に使用しようとしても、（人間に本来的に破壊衝動が宿っていると考えれば、その無意識の意図から逃れられずに向かっていく）破壊は不可避であり、その後も戦争の実現、フロイト的表現をすれば「過失の達成」は再度、現実化してしまう。そして世界大戦の結果としての冷戦の果てに、人類は大きな戦争は起こさないにしても、局地的で潜在的な戦いは今も世界で続いている。最後にこの戦争という行為を本章で論じてきた「失錯行為」というフロイト的視点から再度検討してみよう。

現代の精神分析における臨床は、失錯行為そのものの分析よりも、治療の間で現れる行動化に興味は向かった。患者の無意識の意図が、意識の意図とは別の行動を起こしてしまう、つまり失敗を二つの意図の干渉の結果生じる「エナクトメント」として理解しようとしたのだ。

確かにそれは失敗ではあるのだが、これまでの人生で繰り返されてきた（失敗という）表現行為であり、それに気づくことが治療的にも重要な転機になり得るものなのだ。つまり失敗から学ぶことが実に多いということでもある。

だから私たちは意識を明瞭に持ちながらも、無意識の声に謙虚に対峙しなければならない。意識の上での失敗は、小さいものから大きいものまである。大きいもの、例えば戦争、テロなどの事件は誰も望んでいないし、それは意識すれば誰でもわかることだが、意識としては失錯だとしても無意識の声は戦争を望んでいる、とフロイトは考えていた。フロイトはアインシュタインとの書簡のなかで、無意識の力の大きさを指摘しつつ、戦争が不可避な現実について憂慮している。フロイトの言葉は、人間の意識の力をそれほど信じてはいけないと警告を発しているとも言える。革命によって人間が労働や社会の疎外から開放されると考えたマルクス・レーニン主義について言及しながら、人間の意識の限界についてフロイトは述べている。

とりあえず人間の攻撃的な傾向を廃絶しようと望んでも見込みがないということを引き出しておきましょう。…ボルシュヴィキの面々もまた、物質的な欲求を満足させることを保証し、その他の点でも共同体に参加する者たちのあいだに平等を打ち立てることによって、人間の攻撃性を消滅させることができると希望しています。私はこれを錯覚だと考えます。当面、彼らは、はなはだ念入りに武装しておりますし、自分たちの支持者を結束させるのにも、外部の者すべてに対する憎悪に頼るところが少なくありません。…ここではなにも人間が持つ攻撃への傾向性をすっかり除去しようと言うのではありません。せいぜい試みることといえば、それをなるべく別の方向に誘導して、攻撃への傾向性が戦争で表現される必要がないようにすることくらいです。[*27]

現代の精神分析の視点からみれば、逆にそれ（つまり戦争）こそが「エナクトメント」なのだから、どういう意識と無意識の葛藤のなかからそれが生まれたのかということに注目すべきだろう。そうした事件や事故、そして戦争などを直視していく過程で、「エナクトメント」を起こした主体が意識を明晰に持とうとした人間だからこそ、そこで失敗が生じるという、パラドクスを描くことができるはずだ。そして失敗したと思ったときこそ、私たちが人間の本性を考える機会なのだ。

このように、精神分析のエナクトメント論は、フロイトの失錯行為の理論を、治療関係だけに留めるのでなく、物事の発想を全面的に逆転する可能性を見出すことができるような汎用性を持った理論に展開できるものなのだ。失敗こそ、実はクライエントや患者が主体的になれる場面だという発想がエナクトメントであり、これはもともとフロイトが失錯行為の意義という視点から論じたものを治療的に拡張したものだと考えることができる。

失敗をするのは、そこに無意識の干渉があるからであり、意識的には葛藤があるということであり、葛藤の場を理解するには「失敗」について事後的にじっくりと考える必要がある。そこではデータを詳細に検討する必要があるが、効果のあったデータだけでは不十分であり、失敗や効果がなかった些細な行為すら重要なのだ（そんな精神分析の発想は、その後、精神分析の実践が長期化する理由の一つになったものではあるのだが）。

「無意識は失敗に宿る」という発想は、精神分析を他のさまざまな領域に応用するときに基本的な発想になる。

その見方からしたら、現代社会で引きもきらず起こり続けている局地戦争、テロという失敗は、人間のどういう無意識から起きたものであり、どのような意識との葛藤が生じているものなのだろうか。二つの世界大戦の結果、私たちの意識は、多くを学び大きく変化したのではなかったのだろうか。

＊1　戸部良一、寺本義也、鎌田伸一、杉之尾孝生、村井友秀、野中郁次郎『失敗の本質――日本軍の組織論的研究』を参照。

＊2　ジークムント・フロイト、「精神分析入門講義」、『フロイト全集　第一五巻』、三三ページ

＊3　「精神分析入門講義」、『フロイト全集　第一五巻』、三六ページ

＊4　心理学者のカーネマンはこれをシステム2と呼んだ(『ファースト&スロー：あなたの意志はどのように決まるか』参照)。カーネマンはシステム1を即断するためのアラート・注意を促す(fastな)システムとして、システム2を統計的な判断をするための(slowな)意思決定システムと見なした。行動経済学の出発点は、彼のこの二つのシステムに関する意思決定の理論である。フロイトは、長期の確率論的なシステムも神経症的な構造によって歪曲を受けると考えたという点で、カーネマンの議論にはフロイトの議論と整合性を求めていく作業が今後残されている。

＊5　フロイトの標準版と呼ばれる英語訳を一人で作った翻訳者ストレイチーは、ドイツ語から英訳するときに、この「失錯行為」に対して、わざわざラテン語を使ってpara-praxisという造語を作った。ドイツ語はこうした接続が起きやすい言語なので、特別なラテン語からの新造語、造語用語が必要かどうか疑問ではあるが。

＊6　ブルーノ・ベッテルハイム『フロイトと人間の魂』を参照。

＊7　ロバート・ダーントン『パリのメスマー：大革命と動物磁気催眠術』を参照。

＊8　メスマーのピアニストとの間の恋愛事件は映画になっているし、シャルコーの娘との関係も映画化されている(残念ながら前者は邦訳がなく後者は映画として駄作だ)。

＊9　ユベルマン『アウラ・ヒステリカ――パリ精神病院の写真図像集』を参照。

＊10　「精神分析入門講義」、『フロイト全集　第一五巻』、三六

ページ

＊11　「精神分析入門講義」、『フロイト全集　第一五巻』、六九ページ

＊12　ルードヴィッヒ・ウィトゲンシュタイン、「論理哲学論考」、『ウィトゲンシュタイン全集1　論理哲学論考』、八ページ

＊13　「論理哲学論考」、『ウィトゲンシュタイン全集1　論理哲学論考』、一ページ

＊14　中村昇『ウィトゲンシュタイン「哲学探求」入門』を参照。

＊15　ジョン・ロジャーズ・サール『言語行為：言語哲学への試論』を参照。

＊16　ちなみにウィトゲンシュタイン家はみな豊かな文化人だったので、彼の姉はフロイトのことを良く知っていたし、精神分析のことも良く理解していた。ウィトゲンシュタインも後期の講義のなかでフロイトの夢分析について触れている。彼の議論はフロイトにかなり批判的ではあったが、それは夢分析の恣意性についてであり、フロイトの失錯行為や意図の葛藤の議論についてではない。

＊17　もともとは「想起すること、反復すること、ワークスルーすること」のなかの言葉だが、訳の良さを考慮して、ここでは『フロイト技法論集』（六六ページ）から引用した。

＊18　グレン・ギャバード『精神力動的精神療法』の一二八ページを参照。

＊19　『精神力動的精神療法：基本テキスト』、一三一ページ

＊20　エナクトメント（再演）は、現代の精神分析全体を見直したときに新しい治療概念になりつつあるが、フロイトの行動化（Agieren）という言葉に「演じる」という意味があったことから命名されたもので、もとは同じ原語、同じ概念である（Ellman, Stephen, J, Moskowitz, Michael, *Enactment: Toward a New Approach to the Therapeutic Relationship*を参照）。

＊21　「精神分析入門講義」、『フロイト全集　第一五巻』、三九ページ

＊22　ジークムント・フロイト、「戦争と死についての時評」、『フロイト全集　第一四巻』、一三三ページ

＊23　「戦争と死についての時評」、『フロイト全集　第一四巻』、一三九ページ

＊24　藤原辰史『カブラの冬』を参照。

＊25　ジークムント・フロイト、「戦争はなぜに」、『フロイト全集　第二〇巻』、二五七ページ

＊26　「戦争はなぜに」、『フロイト全集　第二〇巻』、二五七ページ

＊27　「戦争はなぜに」、『フロイト全集　第二〇巻』、二六八ページ

第2章

夢幻：こころの力

無意識への入り口として「失錯行為」の後で
フロイトは「夢」について論じていく。
『精神分析入門講義』に先立つこと17年、1900年に出版された
『夢解釈』において発表された夢の分析手法の発見は、
夢の科学的研究の端緒となったものであり、
以降フロイトは修正を重ねながら、たえず夢についての記述を行っている。
本章では、願望充足、心の刺激緩衝材という夢の機能の考察から始まり、
夢の持つ文化や政治に及ぼす力、そしてプロパガンダとの関連性まで
発想を大きく飛躍させてみたい。そうすることで
フロイト思想が現代に投げかける問題が改めて確認できるはずだ。

1　夢とは何か

精神分析入門としての『夢解釈』

映画監督の黒澤明は、一九七一年に壮絶な自殺未遂を行った後に、大きく作風を変えた。自然を愛する『デウス・ウザーラ』をはじめ、ゆっくりとした物語を撮るようになった。そして最晩年に八つの短編からなる『夢』を撮影する。この映画は夏目漱石が亡くなる前、鬱病に苦しみながら自分の内面を描いた小説『夢十夜』に着想を得たらしい。確かに『夢』は、その小説に影響を受けたように、「こんな夢を見た」という出だしから始まるオムニバス風の映画だ。興味深いのは、そのなかの「赤富士」という作品で、その映画では後年の日本で起きた事件を先取りするかのように、原発事故が描かれている。そこでは寺尾聰が演じる主人公が大勢の群衆をかきわけていく場面から始まって、真っ赤に燃えた富士山が描かれる。根岸季衣が演じている女性は「原発が爆発した」と叫び、さらに「原発は、安全だ！　危険なのは操作のミスで、原発そのものに危険はない。絶対ミスを犯さないから問題はない、とぬかしたヤツラは、許せない！」などと根岸の絶叫は続く。まるで、現代の、福島で起きた事件を予見したような作品だ。夢にはそうした不思議な時間を超えた現象があり、神秘的な対象であり続けてきた。

フロイトの『入門』のもとになった精神分析講義が、失錯行為から入ったことの意義を前章で述べた。それは失敗という行為が、しっかりと意識を保とうとしてもそこに介入してくる無意識の領域まで広げるなら一定の意義を持ってくるということだ。意識的な失敗が、無意識においては成功であること、それが「失錯行為—Fehrleistung」の意義だとすると、その人の人生における累積的で本質的な失敗が病気、特に神経症であるということに気がつくだろう。神経症とは背景に、明晰に意識しようとしても、意識できない意図の干渉、そこから生み出される葛藤がある。つまり心の病気にはかならずそこに意図の干渉と葛藤があるということだ。

『入門』の構成は、第一部「失錯行為」に続いて、第二部は「夢」になっている。フロイトは無意識への入り口として「失錯行為」の後で「夢」について聴衆に語る。フロイトは後に夢だけを臨床的に取り扱うのは、かえって患者の抵抗を強くすると考えて、夢の分析だけをすることをやめたが、夢こそ無意識への王道ということは繰り返し語っている。

『入門』を書き出した年に先立つこと一六年、世紀末の一八九九年に完成した『夢解釈』は、新世紀、つまり一九〇〇年の出版として世に問われたが、反応はいまひとつで、一〇年以上にわたって版を重ねることすらなかった。フロイトの失望はいかほどだったか。フロイトは夢分析の手法を思いついた日、一八九五年七月二五日の朝に「夢の秘密の発見者、ここに眠る」と墓碑銘に描かれるだろうと、当時文通していた親友フリースに書き送った。実際、何十年もしてそれは実現したが、出版当初は、この本の価値を理解する人はあまり多くはなかった。その後ナチスがフロイトの本を禁書にして焼き払ってしまったこともあって、初版本は、六五〇部程度のうち、現在、世界で六〇部程度しか現存していない。一八九五年の七月二五日にフロイトが気づいた夢の分析手法の発見は、夢の科学的研究の端緒となったものであり、現在もその探求は続けられている。

主題としての夢に関しては、その後何度か取り扱われることになる。技法論として一九一一年に『精神分析療法中における夢解釈の使用』が発表され、一九一七年の『入門』の第二部、さらに一九三二年の『続精神分析入門』(以下『続入門』)と、フロイトは修正を重ねながら、たえず夢についての記述を行っている。ここでの大きな修正点は、当初、患者の夢だけを分析対象にしていたのに対して、その後、患者には語る言葉すべてに関して自由に連想を広げてもらい、その連想をあまり焦点化しないという方法をとったことだ。つまり「漂いわたる注意」[*1]を用いて言葉を聴くということだ。それは夢解釈の方法を拡張していく技法論と言えるだろう。

私が訴えたいのは、分析治療での夢解釈を、芸術のための芸術よろしく技法のための技法として行うのではなく、その取り扱いを、治療全体の実地を統御する(ひとまとまりとしての治療行為として)技法面での規則に従わせることである。[*2]

この記述は、夢を取り扱うことに制限を加えたと考えることもできるが、全く反対に、患者の言葉全体を、夢として取り扱うことができるようになったと読むこともできる。実際、現代の精神分析家トーマス・オグデンは次のように言っている。

理論と治療過程の両面における精神分析の歴史で、夢見の体験において引き起こされる語らいほど、中心的な役割を果たしてきた語らいは他にあまりない。夢見として知られる内的語らいは、睡眠の時間だけに限られた出来事ではなく、それはちょうど星の存在が暗闇の時間帯だけに限られるわけではないのと同じことである。星は、夜になってその光度がもう太陽の光輝で隠されなくなったときに見えるようになる。それと同様に、睡眠中に私たちが夢見として体験する自分自身との語らいは、私たちの覚醒している生活のなかで衰えることも薄められることもなく続いている。*3

つまり私たちの意識が夢という状態を持つ限り、日常のなかも夢のような語らいがあるというのだ。だがこの言い方は、話を進めすぎているのかもしれない。フロイトの『入門』に戻って夢に関して考え続けよう。

夢とは「願望充足」である

『夢解釈』と違って一九一七年の『入門』におけるフロイトの議論は、まず「夢とは何か」ということから始まる。そこに共通する考えは、夢とは眠っている状態で生じるものだということだ。そして夢は、「眠りの守護者」として機能していると彼は後に結論づけるが、この時点では夢をあくまで眠りという意識水準で考えているところは、意識や自我との関連で興味深い。

それはきわめて明白なことですが、捕まえ記述するとなると、はるかに困難になってきます。睡眠の間の心の諸過程は、覚醒の間の心の諸過程と、著しく違ったところをもっています。人は、睡眠中におそらくは何か一つの邪魔な刺激を経験しているに過ぎないのに、夢の中では、何かと多彩な経験をして、その経験を信じたりしてしまいます。人はこうしたことを、主として視覚的な心像のうちで経験します。確かにその際に、感情もあれば、入り込んでくる思考もあるでしょう。また視覚以外の感覚でも何かを経験しているでしょう。しかし、やはり何と言ってもそれらは図像なのです。自分の見た夢を物語ろうとするときに私たちが感じる困難の一部分は、こうした図像を言葉に翻訳しなければならない。*4

ここでフロイトが語っているのは夢が「像」あるいは表象であり、その事物の表象は言語表象に翻訳される必要があるということだ。事物表象と言語表象のつながりというのは、フロイトが精神分析を始める前、失語症研究をしていた時代からあった発想だが、『夢解釈』では視覚像から音声像、あるいはさまざまな像との連結といったことだけでなく、表象形成の原型が夢の発生との関連で語られている。そして夢の解釈というのは、視覚像の翻訳過程であり、それを言葉にすることなのだが、さまざまな捨象がそこで行われる。*5

また夢の表象は、願望充足に対して幻覚を見るように、不満なときに私たちが空想する白昼夢の機能に近い、そうフロイトは語っているが、[*6] このことは私たちの日常意識だけでなく、幻覚や空想を考える上で重要な指摘だ。なぜなら空想が夢と同じような機能を持つなら、願望充足に対して持つ意味は大きく広がる。私たちは願望が欲求不満に陥ったときに幻覚を見る。そして空想のなかに像が生み出される。幻覚と夢は、空想を通して連続している。

ちなみに先述したように、一八九五年七月の夕方、フロイトは『夢解釈』に描かれている「イルマの注射の夢」を見る。[*7] その前日、フロイトはオットーという小児科の医者から自分の患者のイルマがあまり良くなっていないという話を聞かされる。その日に見たフロイトの夢は、イルマの症状が改善しないのは、オットーやその当時、仲が悪くなり始めていた先輩医師のブロイアーらの治療方針が間違っていて、フロイトが勧めた治療にイルマがのらないからであり、イルマにその医師たちが間違った注射をしたから彼女が悪くなったんだと、自分を弁護して、相手を非難するようなものであった。

この夢の分析の結果として、フロイトは有名なテーゼ「夢は願望充足である」を発見する。そしてこの発見が自分の墓碑銘となるほどもっとも偉大なものであると結論する。だが、このテーゼがあくまで夢の理論的考察の出発点であったことは、その後の理論的な展開を見ていけばわかってくる。しかし、『入門』において「夢を翻訳していくと、そこに白昼夢、あるいは空想＝ファンタジーとの共通点を見出す[*8]」と語っている点だけは強調する価値があるだろう。

『入門』の約一五年後に『続入門』が書かれるが、そこでは、最初に「夢」を取り扱っている。そしてその手法には明らかな変化も見られる。『入門』では医学部の学生相手だから、彼は「患者がその症状を話すべきところで夢の話をするということが、よく起こってきた。そして夢の意味が特定できるようになることが多いのだ」というような実践的なエピソードを披露する。[*9] だが『続入門』では、患者に夢を聞くようなことはあえてしないと精神分析全体の解釈の態度を変えている。夢だけを取り扱って、その意味を探求するということをしていたのは、フロイトの初期の仕事である。むしろ『続入門』のころは、夢か幻想かなどはどうでもいい、共通してそれは空想だからだ、という態度だったのだろう。

一五年の間に、技法の変化はあったかもしれないが、フロイトにとって夢は重要なテーマであったことは変わらない。夢なんて、失錯行為と同じように、取るに足らない、いろいろな人にとって荒唐無稽なものであると口にしながらも、彼は夢の多様さ、複雑さを説いていく。それは生理学的な現象とみなされやすいにもかかわらず、実は失錯行為と同じように、慎重に探っていけば、それが「心の特殊性」を浮き立たせる心的現象だということに気がつくだろうとも言っている。[*10]

フロイトは「主観的な真実」という意味で「心的現実」という言葉を使ったが、夢はその典型であり、そこから「夢は願望充足である」という解釈が生み出されるということは無理のない推測であろう。

夢とは「心の刺激緩衝材」である

フロイトが偉大なのは、当時は脳科学という学問自体がまだ未熟だったにもかかわらず、夢の生理学や脳のメカニズムに関して、発見されていなかった神経的なメカニズムも含めて、夢の翻訳、解釈のための手続きを発見したことだ。

『入門』時のフロイトの手法は、簡略化すると「夢を見た人に、あなた（の夢）が意味するところは何なのですか、と問いかけてみること」だ。しかし患者は、自分の夢の意味など答えられるはずもなく『続入門』では、問いかける必要もなく、ただ聞いていれば良いのだと変化していった。なぜなら、たとえ夢の意味を答えられなかったとしても、夢見る人は「知っているのだ」から。

第一章で述べたように失錯行為は明晰な意識のなかで対立する意図が干渉し合うことによって生じる葛藤から生まれたものだ。夢はこの失錯行為と同じように、ある感情の代替物であり、夢の連想を調べていくと、患者自身も気がついていないところにたどり着く。ここで再びベルネームの「彼らは知っているのだと」という言葉を思い出して欲しい。「気がついていないが、知っている」その意識の領域に、フロイトは、はじめて「無意識」という視点を導入する。

個々の夢要素たちから、夢の全体へと、私たちの理解の仕方を転移させてみますと、夢というものは全体として、何か別のもの、つまり無意識の、歪曲された代替物であり、夢解釈の課題は、この無意識を発見することであるということになります。しかし、そこからすぐさま、三つの重要な規則が導かれます。私たちは夢解釈の作業をする間、これらの規則に従わなくてはなりません。

一：夢が整ったものであるときも不条理なものであるときも、明晰なものであるときも混乱したものであるときも、夢からすぐ分かるように見えることがらに、かかずらわないこと。そうしたものは、私たちの探し求める無意識ではないからです（この規則については、おのずからなる制限があって、それについては後ほど考えなくてはなりませんが）。

二：夢のそれぞれの要素に対して、代替となる表象を呼び起こすということにのみ、作業を絞ること。それらの代替表象について、熟慮を巡らせたり、うまく話が合うようなことがそこに含まれていないかを調べたり、それらが夢要素からどのくらい遠くまで離れてしまったかについて気にしたりしないこと。

三：隠され、探し求められている無意識がそれ自身から立ち現れてくるまで待つこと。*11

ここでフロイトが書いていることは、精神分析医の態度としては、かなり本質的なことで、現れてきたこと、つまり顕在内容にあまり気をとらわれずに、それが何か別なものであること、そしてその裏側にあるものが立ち現れてくるまで待つということだ。夢だけを記述することをフロイトが避けた理由のひとつとして、患者の言葉に漂いわたるものに注意を払うためでもあるのだろうが、

『入門』における言い方としては「立ち現れてくるまで待つ」という語り口に変わっている。

先述のように、フロイトにとって夢は「願望充足」であり、幻覚上での満足にきわめて近い機能を持っている。その後の講義で「子どもの夢」を取り扱うのはそのためである。彼に言わせれば、子どもの夢は「お腹がすいているとご飯の夢を見る[*12]」ように素直なものが多い。だから夢は「幻覚された満足という道を通って、眠りを妨げる（心的な）刺激を片付けていく作業[*13]」なのだ。その講義のなかで、有名なシュヴィントの「囚人の夢」の絵が掲載されている。そこには囚人が牢屋の外に自由な自分を天使として幻覚している姿が描かれる。囚人は満足が得られないからこそ、そこで自由な自分を幻覚している。夢は直接的にはそのような機能を担っているのだ。

こうしてフロイトは夢というものの結論として「夢というものは、幻覚された満足という道を通って、眠りを妨げる（心的な）刺激を片付けていく作業なのです[*14]」と語る。だから夢は、たとえ直接的な満足ではなくとも、普通は空想と呼べる類比物を使って自分の心の平静を保っているということになる。夢とは「心の刺激緩衝材」なのだ[*15]。

失錯行為も同様であり、私たちは日常生活においてさまざまな失敗をすることで、心のなかの葛藤を解放して自分の心を平静にしているとも言えるのだ。

さて、フロイトは、第九講から、夢をそのまま分析することの困難さについて語り始める。それはまず「夢検閲」という言葉から始められる。彼は夢が「失錯行為の理解と類比的に考えて、夢はまだ知られていないある内容の、歪曲された代替物であって、その内容へと帰結させられる[*16]」と言う。歪曲されるのはなぜか。それは「検閲」があるからなのだ。

夢の検閲

夢の科学において、フロイトが重要な存在とされるのは、連想を広げて、その夢を見る人が変形されている自分の無意識的な欲動を発見する、そういうプロセスのための手続きを発見したということ、つまり夢解釈の手続きを発見したということによるだろう。

『入門』の講義では、まず「子どもの夢」の素直な部分を取り扱っている。確かに子どもの夢は、ストレートで率直でわかりやすく。お腹がすいているときに眠れば、お腹をいっぱいにできるような食卓を夢見たりする。だが大人の場合は、そんなに単純ではない。なぜだろうか。

フロイトは、夢は意識に上り顕在的な形をとる過程で検閲を受けるという。その検閲機能の性能が格段に違うから、大人は子どもほど素直な夢を見ることができないのだろう。第九講「夢検閲」の講義で主に取り扱われているのは、教養もある年配の婦人フーク＝ヘルムート女史が見た「愛の奉仕」の夢である。[*17] 最初はこんな具合で始まる。

彼女は第一駐屯地病院に行き、門番の衛兵に、病院での奉仕をしたいので、軍医中尉の……殿（彼女は自分の知らない名前を言った）にお目にかかってお話ししたいと告げた。その際彼女は、「奉仕」という言葉に力点を置いたので、下士官である衛兵は、それが「愛の」奉仕のことだと即座に気づいた。[*18]

ヘルムート女史は数週間の間に同じような夢を二回繰り返して見たというが、門番という存在、そして奉仕活動といういかにも献身的な部分に、婦人の隠された性的な願望の変形されたものが表れている。フロイトは夢が検閲を受けているからこそ。本当の願望が変形されるのだと考える。

面白いのは、語られた内容についてのフロイトの説明だ。彼は「夢歪曲」という、夢を語るときに起きる現象について語り、その特徴には次のようなものがあるという

夢歪曲の元を辿れば、その一部は、この夢検閲に帰着するのです。顕在夢の中にいくつか穴の空いたところがあれば、大体のところ、それは夢検閲の仕業だったというわけです。さらに歩みを進めて行きますと、夢の中で他のはっきりと組み立てられた諸要素に比べて、特にか細く、はっきりせず、迷うような要素があれば、そこのところに、いつもこの検閲の現れを見て取ることできるはずです。[*19]

夢に検閲が働いていると、そこでは語りが歪曲して、空白になったり、曖昧になったりする。上の例では「…殿」と談話の空白になるところに検閲が働いている。また「本来のものの代わりに、ソフトにしたもの、近似したもの、仄めかし[*20]」を作り出すことも多い。特に性的な内容などは、そ

のまま出すことにかなり抵抗感が生まれるだろう。だからこそ夢のなかで仄めかされている要素は夢解釈にとっては重要になるのだ。

また検閲された向こう側を探っていくには、類比で探るという方法もある。フロイトは、夢の具体的な内容と、そこから連想されることとの違いに注目する。

彼女が挙げている夢は、ある婦人が芝居の入場券を買う夢だ。[*21] この芝居は公演当日でも空席があったにもかかわらず、あせって早めに買ってしまった婦人は無駄な予約料金まで支払わざるを得なくなった。この夢を語るとき彼女は「こんなに早く演劇の券を手配するなんてばかげているわ」、「自分のお金をあんなに」という夢の具体的な内容から始まり、自分の早すぎた結婚に関して「あんなにも早く結婚するなんてばかげていたわ」という具合に飛躍していく。この連想を聞いていると、明らかに「せっかちに、あまりにも早くに」という潜在思考が現れているのだが、夢の顕在内容になると、ただ芝居のために無駄な高いお金を払った夢になってしまう。

フロイトはここで、夢が検閲されることによって、夢の「遷移」（移動とか、置き換えとも訳されてきた）が生じると語っている。[*22] 夢の変形作業には一定のメカニズムがあり、特に「遷移」（置き換え）と「縮合」（圧縮）が生じやすい。

遷移というのは、本当はAと言いたいのに、Bと言ってしまうこと、そして縮合というのはAがBについて言っている内容とCについて言っている内容が交ざってしまい、AがBCという新しい対象について語っているような作用のことだ。

フロイトは、このような検閲によって生じる穴だらけの文章や、仄めかしが多く曖昧な文章の背景にあって、働いているものを「防衛」だと考えた。つまり、子どもと違い大人の見る夢は、そこで生まれる「穴」や、「曖昧さ」のなかにこそ、患者の秘密、重要な何かがあるということだ。そして、それらは多くの場合、隠しておきたいものなのだ。

2 夢解釈

夢のレトリック

前節において、夢とは何か、ということを『入門』を足がかりに考えてみたが、そこでの結論は、夢とは「願望充足」、また「心の刺激緩衝材」であるということだった。フロイトは、心の世界での夢の働きを発見し、その解読法を通して精神分析の技法を作り出した。本節では、その夢の解釈の方法論をいくつか考えていきたい。

夢を解釈するためには、その検閲から生じる抵抗を「解読」することが重要であり、そこに働いているレトリックを読み解く必要がある。夢の遷移と縮合が、自分の秘しておきたい部分の防衛だということは前項で述べたが、それらが言語現象として隠喩と喚喩とに類似しているというラカンや、英文学者であり、精神分析家であったエラ・フリーマン・シャープの指摘はなかなか興味深い。*23

しかし、さらにユニークなのは、このシャープの方法論だろう。*24 フロイトは臨床的な感覚を磨くために、シェイクスピアを読めと盛んに書いていたが、シャープは、夢のメタファーを、文学作品を解読するように解釈した人である。彼女は、文学作品における比喩の精神分析的研究についていくつかの重要な論文を書いているが、英国の精神分析研究所で行った講義をもとにまとめた『夢分析』は、今日でも英米圏の精神分析家たちに広く読まれている。

シャープは『夢分析』のなかで、まず夢が非常に典型的な心的産物であると語ることから始める。彼女の夢分析に関する理論的な発想はごく単純なものであり、未知のものは既知のものの中に隠されているので、夢による連想は私たちの自我境界を拡張して、自我が自分自身の夢の意味についての洞察を得るのに役立つ、というものだ。しかしユニークなのは、その解読の手続きに関する考え方である。シャープは夢の解釈にあたって詩的な話法、つまり比喩をはじめとしたレトリックの話法が夢の解読に有効であると指摘している。*25 特に、実践的な話法（意味が似ていることに基づく類比の方法からオノマトペの発見など）を夢の読解に当てはめようとしているところなどは独特の発想だ。彼女は発話の大部分が、含意的メタファーであると言い切っている。つまり「考えを飲み込む」という精神的な状態を表す言葉は、その言葉通り飲み込むような身体反応を生み出したり、「ブルーな気分」という言葉においては、実際に暗くて青白いように世界が見えてきたりするような気分になる。つまり精神的な意味を表象する言葉は、実際の物理的なあり方を含んでいるということだ。「腹が立つ」「頭が痛い」なども、精神的な状態を表す言葉だが、お腹や頭のある種の身体的な反応に基盤を置いている。言語表現に使われる色や身体感覚は、「のように」というメタファー表現に近い感覚が持ち込まれて、それが精神状態を表す言葉として使われることが多い。夢のなかの表現は、心身語彙の表現に限りなく近いのだ。

多くの場合、言葉はそうやって最初の一次的な意味が、直接的に表現されることなく含意されることで、新しい意味が作られるのである。しかしそれぞれの一次的な意味は、その二次的な意味ができると失われているわけでなく、潜在的な形で残されている。

シャープは抽象的な言葉よりも、身体体験から派生する多くの日常語のほうが、夢の解釈に適していることを指摘している。[*26] つまり個人的な過去の体験に由来する夢のメタファーを解読するには、その人の身体的な体験に、より近い日常語が大切であり、その意味でも夢の解読において重要な道具は、夢み手自身の連想によって生まれてきた本人の日常語ということになる。これは前述したフロイトの自由連想法の文脈——夢だけを取り扱って、その意味を探求するような夢自体の分析よりもそこからの連想を重要視するという方法論——との関連を感じる。

シャープは児童分析で有名なM・クラインを例に出しながら、夢がプレイ（遊び＝劇）であると語り、夢が一種の劇のようになり、それが治療関係に持ち込まれたりすると言う。[*27] それは夢がいつも一つの物語であることを指しているわけで、その物語が一種の遊びであると同時に、劇であるとも語っている。[*28]

象徴作用

象徴作用とは、患者の語る個々の事例に対して、それが象徴するひとつの意味を、紐づけすることだ。つまり、「壁」というイメージは「障壁」であるために自分の行き詰まりを意味するが、「城の壁」ならば、それは自分を敵から守る働きもあり、「守護」という意味と繋がるなど。これらの解釈は、わかりやすく、患者の満足度も得やすいのかもしれないが、夢とは変形されているために、それほど単純なものでないという意見には、ここまで読んできた皆さんなら同意してくれるだろう。フロイトによって解明された夢の仕事は、夢そのもののモデルとその解明のための手段とがセットになっているという点で、予言や占いで夢を使っていた時代とは全く異なっている。フロイトの夢分析というと、性的な意味をいつも解釈するものだとか、単純に象徴的な解釈をするものだとか思われやすい。[*29] しかし、こうした発想、夢象徴や典型夢の考え方はエジプトやギリシャの時代からあるものであり、何もフロイトが始めたものではない。

フロイトは「夢は心の特殊性を反映している」と述べているが、重要なのは、その「特殊性」の部分であり、個人の雑多でさまざまな連想から、そこに流れている潜在思考を読み取ることこそ、フロイトが開発した新しい精神分析の姿なのだ。そうした手続きを経て、フロイトは改めて象徴作用について語る。いわゆるフロイト的な象徴、「箱」が出てきたら「女性性器」という考え方である。フロイトは一〇講で「象徴作用」について触れて、そこで再度、その解読が直接的、一対一対応ではないことを指摘する。

ここで再び私たちの出発点に向けられます。そして素描されていた道に、私たちは導かれます。申しておきましたように（夢検閲の箇所）、もしあの夢検閲というものが存在しないとしても、夢というものは私たちにとって簡単に理解できるものにはならないでしょう。[*30]

夢は検閲によって歪曲され、さまざまな作用によって変形されている。象徴作用については、私たちは慎重でなければならない。それを一対一対応だと思ってしまうと、人間の持っている多重決定（多くのものが重なり合った結果、ひとつの結論が生み出される）という特質に反するだけでなく、「夢あわせ」の時代、巫女が夢を予言として用いていた時代に後退してしまうということもできる。よく夢辞典とかいった本が出ているが、それはフロイト以降の夢の科学の方法とは基本的に異なっている。

フロイトが一貫して強調していることは、夢を見る人の連想が重要であり、連想のネットワークが広がれば、夢が夢の仕事によって受けた変形を解読するきっかけを摑むことができるという点にある。

夢の文化

フロイトの夢の分析における功績として、本章で述べたような「願望充足」「心の緩衝材」というような機能を明らかにしたことは大きい。予言や魔術の道具として夢を使っていた原始的な時代以後、長く文学的な着想に使われることの多かった夢に対して、機能と、分析のための手続きという科学的な二つの視点を同時に導入したのである。

では、最後に、その機能を人間がどのように使うか、あるいは二次利用するならば、どうやって活用するようになったかを考えてみたい。フロイトが「詩人と空想」という講義で述べているように、それは私たちの芸術活動に積極的に活用されていることがわかる。[*31]

パリに留学していた時代のフロイトは、当時の欧州を席巻していた「モダン」な芸術運動にほとんど関心を持たなかったが、ウィーンに帰国後も、その姿勢は変わらずつねに医学研究者、科学者としての位置に自分を置き続けようとしていた。にもかかわらずフロイトの生み出した精神分析は、当時の時代精神と共振して、次第に芸術や人文科学の方法論として取り上げられるようになっていた。代表的なものとしては、その後の現代芸術運動の大きな流れとして起こったシュールリアリズムが挙げられるが、それはフロイトの理論に大きな影響を受けていた。多くの芸術家が彼の理論に強い関心を持っていたが、有名なところでは、サルヴァドール・ダリがいる。彼はフロイトとの面会を切望し、ようやく訪問できたにもかかわらず、そこでのフロイトの対応は実に素っ気ないものだったという。

ウィーンでフロイトと交流のあった数少ない作家に、シュニッツラーがいる。彼は自身も医師として催眠療法をやり、それを小説の題材にするような実験を試みてもいる。その小説『夢小説』は、あのスタンリー・キューブリックの遺作となった、トム・クルーズとニコール・キッドマンが主演したポルノ映画『アイズ・ワイド・ショット』の原作になっている。二〇世紀初頭の欧州では、フロイトが意識していないところで、「夢の文化」が開花していたということだろう。

そんなフロイトの頑な姿勢も、一九〇五年前後にオットー・ランク、ユング、アブラハムといった精神分析を一つの「運動」にしていこうという仲間と出会い、精神分析が文化的な広がりを持つようになって、若干の変化の兆しが見出すことができる。おそらくフロイトも、その「運動」の可能性を意識し始めたのだろう。

その象徴的産物として、精神分析のサークルのなかからも、他のさまざまな領域、文学や芸術、宗教を扱った『応用心理学叢書』のシリーズを一九〇七年から刊行するようになった。その一巻目がフロイトの『W・イエンゼンの「グラディーヴァ」における妄想と夢』なのである。

フロイトは、その後レオナルド・ダ・ヴィンチ、ミケランジェロなどの芸術作品を精神分析の対象とし始めて、医学的な領域を超えて仕事をし始める。夢は、医学領域で患者の分析の媒体であると同時に、広く文化全般の分析の媒介にもなるという二つの意味で新しい探索の対象になっていく。

フロイトは言う。夢工作（作業）の探索は、私たちの精神を古い層に連れていく、と。

夢工作が私たちを連れて行く先史時代というものは二重になっておりまして、一つには幼年期という個人の先史時代であり、もう一つには、個人は誰もがその子ども時代において人類の発達全体を何らかの仕方で短縮して反復するという意味においての先史時代、つまり系統発生的先史時代でもあります。潜在的な心的過程のどの部分が個人の先史時代から、そしてどの部分が系統発生的先史時代から発しているのかということを識別できるようになるかどうか――私はそれは不可能ではないと捉えています。[*32]

プロパガンダに抗するフロイト、迎合するレニ

夢の断片を寄せ集めると、私たちの心の鍵を解くことができるというフロイトの発見によって、些細なイメージ、夢の表象を分析対象にする試みは多くの分野で広がった。この考えを一歩先に進めて表象のまとまりが何か決定的に重要なイメージとなって私たちの無意識を動かす力になるという発想も、フロイトの夢解釈の作業とともに広まった考え方だろう。この発想は、第一次世界大戦の広報委員会で提示されて、ロシア革命以後、急速にロシアで発展したプロパガンダという発想と対になっている。[*33]つまり情報マスメディアやテレビ、映画といった大衆に向けた映像が、暗に政治的な宣伝になって人々を動かしているという潜在的な効果の発想が生み出されつつあった。

実際ところ、メディアの世界でも、精神分析の夢の解釈が象徴的な意味を伝えるという発想は映画文化で流布していった。一九二五年にハリウッドの映画プロデューサーのサミュエル・ゴールドウィンは、フロイトに映画製作について一〇万ドルで相談を持ちかけたが、フロイトは即座に断っ

たという有名なエピソードがある。フロイトの考えはあくまで催眠や暗示に関わることに距離を置くというものだったのだろう。だがそうした大衆文化に関わらない科学者であるというフロイト個人の意図とは別に、その後、精神分析はヒッチコックの『白い恐怖』をはじめ、現代の映画業界の中に組み込まれていき、夢や無意識を映画の主題として取り扱うものが増えていくようになった。[*34]「夢の映像」と「（人々を動かす）イメージの映像」との類似に、ハリウッドの映画製作者たちが気づくのは、それほど時間はかからなかったのだろう。フロイト自身も同時期に群衆のイメージ操作という発想に関心を持つようになっている。精神分析の発展の背景に、群衆心理とイメージ操作というもうひとつの理解が育ちつつあり、それがフロイトをして『集団心理学と自我分析』という本を書かせた。[*35]つまり群衆を操作するためのイメージという意味が、心理学に付け加えられることになるのだ（本書第5章を参照）。だがフロイトは現実の映画の映像や大衆文化に迎合せず、群衆に流されず、あくまで科学者としての自我の場に留まるべきと考え続けた。重要なのは個人が自我の意識をしっかりと持つことだとフロイトは考えていたのだろう。

だが時代は、意図的なイメージ・コントロールによるプロパガンダを大衆操作の方法として活用していく方向に進む。フロイトの時代、このことにもっとも早くから気がついていたのは、第5章で詳述するヒトラーであろう。彼はナチスが政権をとると、ほぼ同時にゲッペルスを宣伝相にして、映像や映画を大衆操作の方法として用いた。この点でフロイトの立場と対極的なのは、レニ・リーフェンシュタールという女性監督だろう。彼女はもともとダンサーであったが、舞台での骨折から女優に転進して、山岳映画に出演していたが、映画『青の光』で初監督と主演を務めて、一九三二年これがヴェネチア国際映画祭で銀賞をとった。ヒトラーが注目したのは、この頃からで、レニはヒトラーらが一九三三年に政権を奪取するとナチに接触して、ニュルンベルク党大会の映画『信念の勝利』を撮り、その後も映画『意志の勝利』を、そして有名なベルリン・オリンピックの映像を映画にした『オリンピア』を撮る。*36

レニがナチスの犯罪行為を知っていたかどうかについて、戦後しばしば調査され、結果として罪に問われることはなかったが、彼女の評判は地に落ちてしまう。戦後はアフリカの民族映画や自然映画を撮り続けるが、結果としてナチとの関係の影がついて回った。彼女が、映像の催眠効果を知っていたかどうかは、つねに疑問視され、プロパガンダに参加したことをたえず批判されてきたが、おそらく彼女はこれらの映画の効果を知りつつ、つまり迎合してナチの国家的犯罪に手を貸していったのだろう。

現代はどのようなイメージも、宣伝効果、暗示や催眠に近い力を持つと考えられているし、夢と同様に、分析するならば、それは潜在的な力を持っている。だから映画が映像イメージとして描かれている限り、一義的な表象としての効果だけで終わるとは、今日の私たちは思っていない。フロイトの発見によって、さまざまなイメージは無意識に私たちに働きかけてくることが見出されたのだ。もちろん映像を政治的に利用可能だと考えたとしても、フロイトのように大衆現象に組することなく個人、自我に留まるか、レニのようにより扇動的な方向に大衆を動かそうとするかは、選択の問題だろう。

わかっていることは、夢に近い潜在的なイメージにサブリミナル効果（イメージを普通の映像に滑り込ませることで、人に無意識に暗示を与える）のような力があり、それが大衆に対して、暗示や催眠に近い力があるという発見が、夢の分析とほぼ同じ時代に発見され、それが全体主義で用いられていったということであり、時代は、扇動的な方向に、つまり戦争のほうに向かっていたということである。

フロイト『入門』が大戦期に書かれたことの意味

第1章では、「無意識は失敗に宿る」という発想から、引きもきらず起こり続けている局地戦争、テロという失敗は、人間のどういう無意識から起こるのかを考えようと試みた。そして本章では、フロイトが注目した夢の分析によって、私たちが夢のような空想や幻想的なイメージに日常的に動かされている可能性が発見された。それは「大衆文化」の登場とともに、夢と類似した象徴的なイメージの積み重ね、組み合わせで大衆を動かしていく、こんなことが起こる可能性が生み出されてきたと言える。フロイトは夢の分析を通して、その意味を見出したが、時代はより扇動的な方向に、全体主義が無意識に人を動かす方向に向かっていった。

『入門』において、失策行為、夢というのは前半半分を占める重要な部分であるが、失敗の分析、そして無意識のイメージ操作の分析を通して考えるなら、これらを大戦期の思想として読み直すこと、そしてそれが今の社会にも無関係でないことがおわかりいただけただろう。

＊1 ジークムント・フロイト、「精神分析治療に際して医師が注意するべきことども」、『フロイト全集　第一二巻』、二四八ページ

＊2 ジークムント・フロイト、「精神分析における夢解釈の取り扱い」、『フロイト全集　第一一巻』、二八一ページ

＊3 トーマス・H・オグデン、『夢見の拓くところ――こころの境界領域での語らい』、二ページ

＊4 ジークムント・フロイト、「精神分析入門講義」、『フロイト全集　第一五巻』、九六ページ

＊5 Aulagier, Piera, *The Violence of Interpretation*を参照。

＊6 「精神分析入門講義」、『フロイト全集　第一五巻』、一〇八ページ

＊7 ジークムント・フロイト、「夢解釈Ⅰ」『フロイト全集　第四巻』や「夢解釈Ⅱ」『フロイト全集　第五巻』を参照。

＊8 「精神分析入門講義」、『フロイト全集　第一五巻』、八七ページ

＊9 「精神分析入門講義」、『フロイト全集　第一五巻』、八七ページ

＊10 ジークムント・フロイト「続・精神分析入門講義」二九講「夢理論の修正」（『フロイト全集　第二一巻』）を参照。

＊11 「精神分析入門講義」、『フロイト全集　第一五巻』、一三〇ページ

＊12 「精神分析入門講義」、『フロイト全集　第一五巻』、一二六ページ

＊13 「精神分析入門講義」、『フロイト全集　第一五巻』、一六一ページ

＊14 「精神分析入門講義」、『フロイト全集　第一五巻』、一六一ページ

＊15 一九五三年にシカゴ大学大学院の学生E・アゼリンスキーと彼の指導教授であったN・クライトマンがラピッド・アイ・ムーブメント（REM）睡眠を発見した。睡眠時に目が速く動き、身体の一部が活性化されるレム睡眠と休眠状態であるノンレム睡眠が発見され、睡眠時にいくつかの段階があり、その中でREM睡眠時に夢を見ているという仮説が提示されるようになった。つまり生理学的にも、夢には機能があるということが証明された

のだ。

*16 「精神分析入門講義」、『フロイト全集 第一五巻』、一六一ページ

*17 この講義に出てくるフーク＝ヘルムート女史は、女性精神分析家として養護施設を作って、子どもたちの治療に当たっていたが、一九二五年に自分が預かっていた甥に殺害されてしまう。彼女の死は、周辺の分析家、特にフロイトの娘アンナに大きな衝撃を与えた。

*18 「精神分析入門講義」、『フロイト全集 第一五巻』、一六二ページ

*19 「精神分析入門講義」、『フロイト全集 第一五巻』、一六五ページ

*20 「精神分析入門講義」、『フロイト全集 第一五巻』、一六六ページ

*21 「精神分析入門講義」、『フロイト全集 第一五巻』、一四三ページ

*22 「精神分析入門講義」、『フロイト全集 第一五巻』、一六六ページ

*23 例えば、ブルース・フィンク『ラカン派精神分析入門』、Sharp, Ella Freeman, *Dream Analysis: A Practical Handbook for Psychoanalysts*などを参照。

*24 Flanders, Sara. eds. The Dream Discourse Todayを参照。

*25 *Dream Analysis: A Practical Handbook for Psychoanalysts*, p.20

*26 *Dream Analysis: A Practical Handbook for Psychoanalysts*, p.35

*27 *Dream Analysis: A Practical Handbook for Psychoanalysts*, p.58

*28 *Dream Analysis: A Practical Handbook for Psychoanalysts*, p.162

*29 確かに、一〇年ほどしてフロイトは夢に関する経験が蓄積した結果、夢が典型的にある種の共通性を持つという考えから、典型夢や夢の象徴を付け加えたりしている。

*30 「精神分析入門講義」、『フロイト全集 第一五巻』、二〇四ページ

*31 ジークムント・フロイト、「詩人と空想」、『フロイト全集 第九巻』、二二七ページ

*32 「精神分析入門講義」、『フロイト全集 第一五巻』、二四四ページ

*33 A・プラトカニス、E・アロンソン『プロパガンダ：広告、政治宣伝のからくりを見抜く』を参照。

*34 Gabbard, Glen (eds), *Psychoanalysis and Film*を参照。

*35 フロイトは夢を科学のモデルに当てはめてその断片を拾い集めることで、無意識の心のあり方の解明の道具とした。夢は表象を通して、願望を私たちに伝える。逆に言えば、古くは演劇が、そして現代では映画や映像が私た

ちの無意識に働きかけてくるのは、夢や幻想、夢幻にこの働きがあるからである。だからフロイトはイエンゼンの小説『グラディーヴァ』を分析して、芸術制作そのものが夢の作業に近いと論じた。また現代のレヴィンという精神分析家は、精神分析という行為そのものがスクリーンの上の映像を、患者とともに見て、それを読解しているようなものだと述べた。映画そのものを分析的な対象とする立場は、以後かなり明確になっている。例えばEberwein, R.T., *Film and Dream Screen: A Sleep and a Forgetting*を参照。

＊36
スティーヴン・バック『レニ・リーフェンシュタールの嘘と真実』を参照。

第3章

我欲：性の秘密

『精神分析入門講義』全28講義は、
失錯行為、夢、神経症概論という3パートに振り分けられているが、
そのうちもっとも多くの13講義が第三部の神経症概論に割かれている。
本書のテーマである、寄る辺なき自我を考えるためには、
この神経症論のパートの読み直しがもっとも重要となる。そして、本章では
神経症概論の幅広いテーマのうち特に性の問題を取り上げていく。
幼児期の性がいかに神経症に関連していくのか、
人はなぜ神経症になるのか、そして神経症が社会に与える意義など
多岐にわたる問題を考察していく。

1 神経症を解くカギ「性の秘密」

「神経症は倒錯の陰画（ネガ）である」

フロイトは、神経症について考えるために性は不可避な主題であると考えていた。そこで神経症論に入る前に、まず「性の秘密」について述べてみよう。「性の秘密」と言うと、卑猥な意味に聞こえるかもしれないが、実はその感覚はとても大切なのだ。私たちが持っている性に対する意識、つまり性という言葉を短絡的に性行為に結びつけてしまい、その結果「性とは秘密にしておくべきもの」という連想につながっていくような心理は、「性の秘密」をわかりにくくしてしまう。フロイトにおける「性」は私たちが普通に考えているような性行為そのものではない。それは「倒錯」と言っても良いし、「性的」と呼んでも良い。またフロイトと敵対したユングのように、性という意味を「生」のエネルギーと考えることも、可能だろう。しかし単なるエネルギーと言ってしまうと、「性の秘密」の本質は見えてこない。

フロイトは、「リビドー」という、不思議なエネルギーを仮想することで、人の性に含まれている秘密を解こうとした。このリビドーこそ、人間が持っている特別な力であり、運命、道徳心、功徳心、法などの因果を説明する契機にもなり、何よりも人がなぜ病むのかについての原理原則的な説明を可能にした。神経症というものを考える上で、当時の性科学の発展の結果、解明されつつあった性的な倒錯行動の研究成果を活用したいと思ったのだ。

フロイトの革新的なところは、「性」という言葉の包含する範囲を、日常的にイメージされる「セックス＝性行為」や「男女などの性別」などに限定するのではなく、「倒錯的（な拡張までを含む可能性があるより幅広い概念）」という言葉で広げていったことである。例えばそこには指しゃぶりなども含まれている。もちろんこれを制限なしに拡張していくことは、多くの人々の抵抗に出合う、そうフロイトは指摘している。*1 そんな彼の探求は、「神経症は倒錯の陰画（ネガ）である」という言葉に集約される。*2

フロイトの生きた一九世紀末、性科学の発展によって性倒錯についてさまざまな分類が行われた。ここでの性倒錯は、文字通り性の向けられる対象が、女性なら男性・成人、男性なら女性・成人ではなく、同性や子ども、あるいは死体だったりする場合、また普通の性交で快を感じるのではなく、サディスティックな行為で快を感じるような行動のことを言う。つまりここで言う性倒錯とは、快楽を感じる回路が通常とは著しく異なっていること、性に関する感覚が多くの人間とはずれていることを指す。有名な分類はサディズムとマゾヒズムで、これらはフロイトと同時代のウィーン大学の司法精神医学の教授であったクラフト・エーヴィングが、サド、マゾッホといった歴史上の人物に照らして作った言葉である。*3 エーヴィングは司法精神医学が専門なので多くの事件の鑑定に関わるなかでこうした倒錯的な行為を発見したはずであり、これらの概念を発見した場所は、犯罪現場であることは間違いない。エーヴィングの著作の多くは事件事例集であり、倒錯の学術的分類は、そうした現場の鑑識でも使われ始めた。

フロイトは、神経症の理論を作り上げるなかで、これらの倒錯に関する概念を拡張しながら人間の心理的な発達のモデルに当てはめていき「性理論のための三篇」にまとめ上げた。そこでの発想は先述の「神経症は倒錯の陰画（ネガ）である」という言葉に集約される。[*4] この言葉は、心の病と倒錯とが連続している、つまり快楽と神経症とが表裏一体であるという理解をもたらして当時の心の病気の理解に啓蒙的な役割を果たした。

幼児は皆多形倒錯的だ

フロイトは自分の業績でもっとも革命的なことのひとつは「人間中心主義の逆転」（ダーウィンが人間を「猿」の延長としてその連続で捉えた）、「地球中心主義の逆転」（コペルニクスが宇宙は地球中心で回っているのではなく、太陽という恒星の周りを回っている惑星のひとつにすぎないと指摘した）などのように、従来の常識を大きく逆転させた性に関する概念「純粋無垢に見える幼児が性欲を持つと強調したこと」だと、ことあるごとに述べていた。[*5]
彼は、「幼児は多形倒錯的」だと述べた。[*6] これは、簡単に言えば性的快感を性行為以外のものに求めるということだ。この「幼児は多形倒錯的」という概念は二つの点で従来の、性に関する発想と大きく異なっている。第一に、倒錯というものが常識からの逸脱であるという考え方ではないということ。第二に、子ども時代には性欲動がなく、思春期になってそれが発動するという常識的な理論ではないということ。彼は倒錯傾向は、特別でも稀有なものでもなく、正常な素質の一部であると考えたのだ。人はセックスだけで性的快を感じるわけではない。その性的快を感じる回路をていねいに検証していけば、いろいろな意味で本来的に人が倒錯的なのがわかる。ではここでそんな人間の多様な性を考えるために、少しだけフロイトを離れて生物学的な検証をしてみよう。そもそも生物にとって性（ここでは男女の性別）が生み出されたのは、生命の持続のために男女の区別のない、セックスを媒介しない無性生殖よりも、男女性が別でセックスを介する有性生殖のほうが、適応のために利点が多かったからだろう。植物から生物まで同様に、メスとオスの結合とそれによって生じる多様な個体のあり方はいろいろな点で環境への適応に利点がある。つまり長い時間をかけて種が適応していくためには、いろいろと変化する環境に対応して、多様な組み合わせをしておいたほうが絶滅を防げるのだ。それは環境からの外面的な攻撃だけでなく、ウィルスや細菌の感染、つまり個体内側への攻撃に対しても言える。同型の種の死滅を防ぐにはいろいろな変異を取り込んで「個性」を持った個体がいることが望ましい。逆にそれぞれの個体が同じ形状と同じ内容を持っていると、あるウィルスによって一つの個体が病気になると、種全体が病気になってしまう。性はそうした多様性を確保するために、そして次の世代が生き残るための方法として優れているのだ。

同時に、環境の変化に対して、さまざまな個体の可能性を残すということは、長い目で見れば、それは種の個体の適応的変化や修復の機会を持つことだと言える。単体が病気になる、あるいは不適応を起こすような形質を持ったものが生まれた場合、それがもし無性生殖である場合、その弱い形質が次の世代にそのまま引き継がれてしまう可能性がある。しかし、性によって違う形質を持った個体との間で対象選択をするなら、そこでその形質は別の特質を持った形質をブレンドしたり別の表現形の特性を選択したりする可能性が生み出される。だから性は、生物にとって、第一に絶滅を回避する多様性の確保という意味でも、そして第二に修復や生き残りという淘汰という意味でも、優れた方法論だったと言える。

このように「性」というものは生物学的に見れば優れた資質を持った特徴で何ら陰湿なものではない。にもかかわらず人という種はそれを「性の秘密」として隠そうとしている。なぜなのか。

隠されているからこそ快な人の性

人間の性は、進化の系統樹がきわめて近い霊長類のなかでさえ、独自の「隠匿」のニュアンスを持っている。文化人類学者のジャレド・ダイアモンドは、人間の性の進化についての特徴をまとめているが、ここでは五点ほど取り上げる。[*7]

一番目の論点は「ほとんどのヒトの社会におけるほとんどの男女は、長期にわたってペア関係を維持」して、夫婦間だけでセックスをするが、それが一種の契約というか、拘束のようになっているということだ。この契約は、いろいろなところで不倫という問題を引き起こすが、一見すると愛なのか規約なのかは不明で、嫉妬の原理で動いているようにも、所有や財産の原理で動いているようにも見える強い縛りが働いているのが人間の特徴である。鳥類で例えばハクトウワシは、珍しく生涯にわたって一夫一妻制を守るし、クロコンドルなどは、一夫一妻制を破ると、そのグループの仲間から嫌がらせを受けたりする。このように一夫一妻制を原理として動く動物がいないではないが、霊長類では珍しい。

二点目として、子育てに関しては「夫婦は性的なパートナーであるばかりでなく、両者の間に生まれた子どもを共同で育てるパートナーでもある」ということだ。[*8] 父親が子育てを分担する制度が定まっているのは一夫一妻制を取っている動物でも珍しい。ペンギンなどは数少ない例外だ。クモのように交尾の後エサになってしまうのではなく、ひたすら子育ての仕事をし続ける。人間の場合に特筆すべき点は、男性も女性と同様、ごく普通に子どもの世話をするということだ。

さらに言えば、これは家族的な動物としては特殊なことだが、人間は「男性と女性（たち）は夫婦になる（もしくはときにハーレムを作る）が、（テナガザルのように）排他的なテリトリーに二人きりで暮らしたり、ほかの夫婦からテリトリーを守ったりはしない」ということを三点目として挙げたい。[*9] むしろ積極的に集団を作り、そのなかで、つまり社会の一員として生活し、ほかの夫婦と経済的に協力し合い、テリトリーを共有し合うことまでする。もしゴリラがそんなことをしたら、大人のオスたちは大喧嘩ばかりになってしまうだろう。だからヒトの場合には、家族の絆と集団の絆という難しいバランスをどういうわけか保っている。

だからなのか、それともそれ以外の理由なのか、四点目として「隠匿性」が存在しているということを挙げる。つまり「夫婦は普通二人きりで内密に性交し、ほかの人間がその場にいることをひどく嫌がる」のである。*10 集団のなかでペアであることを公に示すためには、公の性交のほうがわかりやすく無理もないであろうし、集団のつながりのなかで考えると、隠すことには家族の視点からも集団の視点からもメリットはないはずだが、人間はどうも性を隠す傾向がある。そしてこの隠匿性は、生物学的なレヴェルにまで及んでいる。集団行動をしている霊長類のほとんどが持っている発情のサイン、つまり「排卵」を表示するようなシグナルは人間には現れない。夫婦やパートナーにとって、さらに重要なこととして排卵をする女性自身にとっても、排卵日前後の受胎可能な短い時期を検知できないのだ。生殖可能な時期が女性自身にとってもわからないということは、多くの個体にとって、異性との性行為の受容期は受胎可能なときだけではなく、月経サイクルのほとんど、あるいは全範囲にわたって性を行うことができる。つまり人間は妊娠と関係なくセックスを楽しむことができるということである。それも、あくまで隠れて。

さらに五点目として女性高齢者、おおよそ五十代を過ぎた女性は閉経する。それは生殖能力の完全停止を意味するが、一般に、男性ではこうした現象は起こらない。年齢にかかわらず性的な関係を持つことは可能だし、生殖能力すら持ち続けている。

言いすぎかもしれないが、人間にとって性は隠されていることに意義があり、それが隠されているからこそ快であり、楽しみであるかのように見える。

なぜ快楽殺人を犯してしまうのか

ダーウィンらが悩んだ人間の進化に関する問題、つまりヒトが類人猿から進化するときに、いくつかの点で生物としての特殊性を持つのはなぜなのか。それをフロイトも感じていた。その意味ではフロイトも同じ進化論的な科学者の系列に属しているのかもしれない。[*11]

有名なフロイト研究の歴史学者フランク・サロウェイによれば、フロイトが悩んだ進化論的な問題が三点ある。[*12]

一：人にとって性が特別で、性を隠そうとするのはなぜか
二：人はなぜ自分を抑圧し道徳心を持つのか
三：人はなぜ神経症になるのか

ヒトの性が動物という種のなかでも珍しいものであるということは前項の五点でわかったと思うが、なかでも「隠匿性」——性が楽しむだけでなく、隠すもの、隠されたものになった——の理由はなかなか難しい。人間は日常生活のなかで「密かな楽しみ」という概念を、ごく普通に持っているものなので、つい納得してしまうかもしれないが、性交を見せたほうが、他の個体がそのペアをペアだと認識しやすいという生物学的な見地において考えれば、ヒトが性を隠したがる心理はなかなか理解しがたい。これを説明するためには「密かな楽しみ」という趣味性とは別のより普遍的な

概念が求められる。

実は、フロイトは、この一番目の「人が性を隠そうとするのはなぜか」という問いに答えることで、同時に他の二つの問いもまとめて回答した。それは後述するが、まずは一番目の「人が性を隠そうとするのはなぜか」ということに論点をしぼって考えていこう。

そもそも性が他の人々から見えないように、見えにくいものにしておく動機は、それが性というものがある一面では強烈な不快感を催させるものだからではないだろうか。では、なぜそう感じるのか。

まず極端な事例からそのことを考えてみよう。*[13]

一九九一年七月二二日のこと。米国ミルウォーキーのダウンタウン、貧しい人たちが多い二五番街の並木道で二人の警察官のもとに、片手に手錠をはめられた若者が「助けて」と駆け寄ってきた。その若者トレイシー・エドワーズの言うことは支離滅裂でわかりにくかったが、どうも彼が狂った男から殺されそうになっているということらしかった。二人の警察官はその若者が示した白い建物に向かった。そこは家賃補助が必要な貧困層が多く住むオックスフォード・アパートメントというところで、その狂った男は二三一号室に住んでいるというのだ。二人の警察官とエドワーズは、その部屋に入った。応対した若者は当初至って落ち着いた対応をしていたので、警察官のほうはエドワーズの嘘を疑ったのだが、すぐに異臭に気がついた。その部屋の住人、ジェフリー・ダーマー、後にミルウォーキーの食人鬼と呼ばれる三一歳の男は、しばらくやり取りすると取り乱し始めて、警察官に押さえ込まれたときにはかなり錯乱した状態であった。そして彼の前科を調べた警察官は、彼がすでに二年前に一三歳の少年への性的暴行と誘惑の前科がある人物だとわかった。エドワーズは、ダーマーのいつもの手口でアパートに誘い込まれ手錠をかけられたが、すんでのところでどうにか抜け出せたのだ。ダーマーの冷蔵庫から人の頭が入ったビニール袋が三つ見つかったのをはじめとして、心臓のようなものと肉片の入ったビニール袋、そういった惨劇の断片を見つけ出した。ファイリングキャビネットには頭蓋骨が三つあり、不気味な写真の入ったアルバムが見つかった。ここは拷問場なのか死体処理場なのか、解剖室なのか、わからないような連続殺人の凄惨な現場だったが、さらに驚きは鍋のなかから頭蓋骨と別の鍋からは切断された手と数本の男性性器が見つかったことだった。つまりそれらは調理されていたのだ。さらに異臭の原因である青いポリ袋には胴体が三体入っていた。現場検証のため二一三号室は閉鎖され、検証の結果、一一の頭蓋骨が見つかって、ばらばらになった身体の一部や胴体の組み合わせ作業をしたが、ダーマーは錯乱からもとの平静さを取り戻すと、取り調べにごく冷静に受け答えして、この一三年間に殺したのはたったの一七人だと自供した。だがこの事件の衝撃は、彼が殺した人たちを食べているということだった。

ジェフリー・ダーマーがどうしてこういう殺人を犯したのかについて、個別の生育歴を詳細に検討し再構成してみる価値はあるが、ここではその物語には深入りはしない。彼はケンカの絶えない両親のもとに育った。弟が生まれたときに自分が無視されたと感じるようになったというから、兄弟間での葛藤があったことは確かだろう。また若年のときに近所の男性に性的ないたずらをされたなど、いくつかの性的な事例の情報もある。さらに彼は知能が高いのに、成績がいつも悪かったことを考えれば、対人関係での適応不全という発達過程における独特の歪みを持っていて、人と普通のコミュニケーションができないようになってしまっていたことは予想できる。何をやっても実力以下の状況のなかで、飲酒の問題もあった。お酒で身をつぶし、成人してからも軍を除隊させられるといった経緯も、まさに不適応の繰り返しと言えるだろう。これらは犯罪心理学的には重要な要素だが、ここでは彼の犯罪が性倒錯と呼ばれるような異常性愛に基づいていたという点が確認できれば良い。

彼は同性愛への志向を持っていた。今日これは倒錯ではないだろうが[*14]、問題は同性愛だけでなく、死体愛があったということで、殺すことそのもの、さらにそれを解体分解すること、あるいは殺してから性的な満足を得て、その身体を食べていたという点では倒錯的である。彼は小さいころから昆虫採集が趣味だったが、それは動物解体への快に発展していき、人間解体の空想へと発展していただろうことが予測できる。彼の住んでいた実家の庭に、犬の頭蓋骨が突き刺さっているのが発見されている。さらに彼の性的な願望は、死体姦に向かっていたであろう。こうした性倒錯がなぜ起こるか、この疑問の解明は精神分析の発展と密接に関わっている。

つまり人は、ある種のたがはずれると倒錯的になる。ダーマーが殺害を始めたのは青年期で、たまたま誘ったヒッチハイクの青年を誰もいない自宅で殺したことがきっかけだった。だがその後、彼は性的な満足のために男の子を誘い、その意図には明らかに殺害と切断が含まれていた。すでに殺した相手をもて遊び、それを食べるようになる端緒が見える。彼は男の子たちをモデルにして写真に撮っただけでなく、悲惨な殺害現場も心に留めておこうとして写真に残している。あらゆる連続殺人がそうであるように、殺しが快楽になり始めると、それはあらゆる方向に加速する。そうして一〇年後にオックスフォード・アパートメントに移ってからは、彼は快楽のために殺害と食人とを繰り返している。

世紀末にしばしば問題になった連続殺人事件、切り裂きジャックで有名になった狂気の殺人者、快楽で人を殺す人たち、人間がなぜこうした他人から見た悲惨な事件を、つまり快楽のために人を殺すのかについての理論はフロイト以前と以後とでは全く理解が異なっている。

フロイト以前の多くの理解は、「異常性愛」という体質論で片づけられることが多かったが、フロイトは、本来的に人には殺人を性的に楽しむ傾向があって、そこには成立過程があると主張した。つまり倒錯的だということになる。人は発情して行う性交からだけでなく、人を殺すことにも快を感じる。

人の性は本来、倒錯的なものである。「幼児は多形倒錯的」という項で論じたように、通常のセックス以外のさまざまなものに人は快を感じることができるのだ。だからどこでも、どのような形でも快になる可能性があることを否定してはいけない。さらに一旦、倫理や道徳心のたががはずれると、簡単に普通ではないものが快楽になる。つまり快楽のために人を殺す人間は、もともとの体質的なものではなく、心理的な理由から倒錯的な性行動として殺人を行うのであり、快楽殺人はある特別な成立過程から生まれてきたのだ。

ここで前述の三つの問いに関する回答を一気に得ることができる。「人が性を隠そうとするのはなぜか」それは、人が本来的に（幼児期から）持っている多形倒錯的な性に強烈な不快を感じ、同時に恥ずべきものと感じているからだ。そして、それゆえにそれを抑圧しようとする。そこで生じてくるのが強い道徳観なのだ。もうひとつの問いである「人はなぜ神経症になるのか」の答えもある程度予測することができるだろう。簡単に説明をしてしまうなら、人に本来的に備わっている多形倒錯的な性の流れを抑圧しようとする道徳観、それは非常に息苦しいものであり、そこから解放されようとして、その壁にあけた抜け道こそが神経症なのだ。

ダーマーの行為は、病的だったり、常識からすれば異常に見えたりするかもしれないが、そこに至る道筋を詳細に見ていけば、彼がなぜ病的な犯罪を行ったかは少なくとも心理学には説明できる。なぜなら人の性は、幼いころほど性的に未熟であり、それは同時に倒錯的だからなのだ。それほど幼児期の性、そして発達の途中で性が組織化される（性が人間のなかで生殖行為、つまり大人の性の交流へと編成される）ということは人の人格形成にとって重要なのだ。

2 幼児期の性の重要性

幼児性欲とリビドー

フロイトは、子どもが純真で無垢であるという発想を逆転させ、子どもの時期こそ性的で倒錯的だと述べた。

ちなみに、ここで言う「性」は実際のセックスのことではないし、生殖のための性交を生み出す刺激誘発型の行動でもなく、願望充足のための幻覚による原動力のようなものだ。つまり性の目的も対象も明確ではないが、あくまで快感を得るのために動員されるエネルギーのようなものといえるだろう。

例えば、人は幸福な食事体験を快と感じるが、口でものを遊ぶこと、さらに後には口と口で交流することも快になる。なぜ人がキスするのかと言われれば、それが人間特有のコミュニケーションとしての性愛だからだが、その源泉には、より幅広い意味での口での快があるからと答えるべきだろう。

口で性を感じるという表現は、大人の世界観から見れば倒錯的に聞こえるかもしれないが、幼児の世界では、「おしゃぶり」といった口を使って快をもたらす行為はごく常識的なものとして捉えられている。このようなことから、大人の性に対する限定的な世界観と違って、幼児の性はもっと幅広く、それは多形倒錯的だという言い方が成り立つのがわかるだろう。だから口でも、肛門でも、性器でも、また他者がいなくても自分で自身の身体に対して性的な快を得ることができる。つまり子どもにはみな性欲があるのだ。ただし倒錯的な形で。そして大人になってからも、そこにこだわることはあり得る。ダーマーが人を食べることに快を見出したように。

フロイトは『入門』二〇講「人間の性生活」で「神経症症状とは性的な代替満足」であると神経症が全部、性生活に関わるという表現をしている。*15 おそらく彼はこの指摘のために、長い間、精神分析を全体のシステムとして考える視点を持たない、と論客から批判されてきたし、誤解されてきた。しかしフロイトははっきりと性という概念を拡張する必要性を述べているし、「(私どもが)性の概念を拡張したのはもっぱら、倒錯者や子どもたちの性生活を包含できるようにするため」だと言っている。*16

この概念の拡張のために、フロイトは一八九〇年代から注目してきた「リビドー」という概念を導入する。それは一種のエネルギー論のようなもので、歴史的にはモルという性科学者から借用した概念だ。クラフト・エーヴィング、ハバロック・エリス、そしてモルといった人々は、ダーウィンが残した謎の一つ、人間の性の不思議に取り組もうとした世紀末の性科学者たちだが、モルは性倒錯を子どもの性生活から説明しようとした。その学説をうまくまとめたのがフロイトだと言うことができる。

ここで言う「リビドー」はモルが、子どもから大人になっていく上で性が人間のなかで生殖行為

（つまり大人の性の交流）へと編成されるときに働く活性物質のようなものとして仮定したもので、現代科学の言葉では一種の化学的なホルモンのようなものと見なせばわかりやすいのかもしれない。実際、性が生殖的なものになるプロセスのなかでの発動物質として、男女それぞれ、男性ホルモン、女性ホルモンの果たしている役割は大きいし、そんな活性化物質ホルモンは複数存在している。モルが考えたのは、その発想の原型のようなものだが、フロイトはそれを子どもの心理生活についての説明の原理として、つまり身体と精神を媒介する心理学的な概念としても用いた。フロイトはリビドーについて次のように言っている。

「性的物質代謝」だとか「性の化学的メカニズム」といった言葉は、中身が空っぽの抽斗（ひきだし）のようなものでして、これらについては何ひとつ分かっておりませんし、「男性的」だとか「女性的」だとかいえるような二つの性物質を想定すべきなのか、それとも、リビドーのあらゆる刺激作用の担い手と見るべき一つの性的毒素にとどめておいていいのか、ということとすら決定できないのです。私たちが作り上げました精神分析という学説は、じっさい上部構造なのでして、いずれはその下部に、これを支える有機的な基盤が据えられねばならないのですが、その基盤はまだ出来ていないのが現状なのです。*17

つまり性の組織化についての物質的な基盤が明確になっても、それがどのように精神的なものになっていくかについてのモデルは別に構築される必要があるということだ。性の組織化が生じる原因は行動の組織化であり、発達過程において、その先の行程としてある性交が実際にできるようになるには複雑な心理的準備も必要なのだ。

性の組織化の発達段階の説明において、乳児の例を引きながら、リビドーが口の周辺で組織されていく姿を描いている以下のような記述はなかなか説得力がある。

リビドーは「飢餓とよく似ていて、欲動、今の場合は性欲動で、飢餓の場合は栄養摂取欲動ですが、その性欲動が発動する際の力のことを言います」として、乳児期、赤ちゃんにおいて、栄養を取りたいという欲望が、同時に「おしゃぶりをしているとかチューチューしているとか言うわけですが、乳児はそうしながらまたしても幸せそうな表情を浮かべて寝入るからには、おしゃぶり行動はそれ自体として満足をもたらしている」となり、これは学習かもしれないが、乳児はやがて、おしゃぶりをしないと寝入らないようになるとしている。

そしてフロイトは、次のように言う。

> 乳児はこの快を最初は栄養受給の際に体験するのですが、やがてそれをこの条件から分離することを覚えたのです。私どもはこの快の獲得を口唇域の興奮のみに関連づけることができるので、この部分の身体を性源域と呼び、おしゃぶりによって得られた快を性的快として表示します。*18

これはフロイトが「口唇期」と呼ぶことになる時期の記述である。この時期に人間の本能衝動である飢餓が、実は口を媒介として性衝動とも関連していると彼は述べる。「性理論のための三篇」では、フロイトは人間の活動の発達が、実は性の組織化と密接に関連しており、それは人間の発達過程のなかで、生殖活動として性が統合されるプロセスでもあると述べている。[*19] それを彼はリビドーの発達に伴う性的編成だと考えたのである。

フロイトは、子どもは性器での快にこだわらない形で、いろいろな性、つまりリビドーの快を満足させているという意味で「多形倒錯」という言葉を使ったが、それは、これら幼児期で起きている事態を表現するためであった。

子どもはいろいろな快を性器とは別のところで得ている。しかも倒錯的な形で。そしてそれは成長するに従って、整理・統合されて、限定的に、つまり減少していく。

フロイトは成人のセックスにおいて性の快を感じる場所がいくつかに限られているということに着目して、子どもは幼児期から大人になるに従って、口で快を感じる時期、肛門で快を感じる時期、そして性器で快を感じる時期と、快を感じる場所を徐々に組織化していくのだと考えた（もちろんそれが直線的に進むとは、後に考えなくなる）。

その図式によれば、まず幼児期に子どもは口に快を求める。フロイトは、これを「口唇期」と呼んだ。もちろん口の周辺にはいろいろな快がある。見ること、聞くことに、または触ることに快を求めていく。次の発達段階では、ものとの関連では、ものをためることに快を見出す。フロイトは、これを「肛門期」と呼んだ。さらに、ものを壊すことに、あるいはものを集めることに。またあるときには母親に、そしてあるときには兄弟姉妹に、あるいは同性の仲間に、愛着と言うか恋愛に近い形で快を求めて感情が集中する。

フロイトは、この快を満足させる——リビドーをつなぎとめておく——対象や行為が、大人と違って幼児期には多層に、あるいはさまざまな行為やもの、対象に向かうと考えて、人によって違いはあるが、子どもは皆「多形倒錯」という言葉を使ったのだ。

子どもが子どもらしいのは児童期だけ

幼児期の性が現実の性交に統合される（性が生殖的なものになるという言い方もできる）までに、ヒトという種は十五、六年という実に多くの時間がかかる。人はだいたい一二から一五歳ぐらい、つまり初潮年齢になると思春期が訪れる。発達段階で男性ホルモン、女性ホルモンが一番分泌される時期は、間違いなく思春期だが、その時期になると男性は女性に、女性は男性に、あるいは同性愛の人であれば同性に恋愛感情を持ち、対象選択と呼ばれる、パートナーを持つための性愛行動が行われるようになっていく。興味深いことだが、フロイトによれば、幼児期（〇歳から七、八歳）の人間の子どもは、多形倒錯的で性的な存在と考えられるが、児童期（八歳から思春期）の子どもには性愛的な行動が全く行われない時期があるという。フロイトはこれをフリースの周期という概念を借用して幼児期と思春期という二つの層では性が高まり組織化されるのに対して、児童期には性が後景化すると考えた。そして、その時期を「潜伏期」と呼んだ。性が前面に出ない潜伏期には、同性の仲間と仲が良くなり、男性は男性と、女性は女性と付き合って、グループを形成していく。おそらくこの時期には、性は潜伏している、言い換えれば抑圧されているのだ。

興味深いのは、この時期の行動がその後の社会適応を大きく左右するということである。つまり潜伏期は児童期という、学校に入って勉強する時期とちょうど重なっている（そのため学童期という言い方もある）。面白いことだが、西洋社会に限らず未開社会を含めてどの社会でも、児童期になると、「お勉強」に類する狩りの練習や、家事のお手伝い労働のようなことが子どもの生活のなかで始まる。つまり潜伏期という時期は人間の社会が大きく発展・変化してきたにもかかわらず、どの時代、どの社会でも共通して持っているもので、簡単には変化していかない適応学習期のようなものなのだろう。

性が生殖的なものになるためには、男女が対人関係のなかで性の対象選択をしなければならない。そしてその選択行動においては社会のなかでさまざまな状況に対して適切な行動をする必要があるわけだが、人間はその時期に至るまでには十五、六年という時間がかかる。その長い進化のプロセスこそ共同作業のような社会的行動の訓練に適当な時期だとみなされてきたのだろう。発達心理学で言う児童期（つまり社会適応を学ぶ学童期）とフロイトの言う潜伏期（つまり性の潜伏化が起きる時期）が重なっているのは、偶然ではなく、勉強、あるいは共同作業や文化を学ぶには、性的な興奮や異性にばかり気を取られるのは邪魔だから、児童期には性欲の抑圧が起きるという必然性があるのだ。フロイトを引用しよう。

おおよそ五歳から七歳以降、性的成長にはある停滞ないし逆戻りが認められますが、それは文化的に最も優遇された事例であれば潜伏期と呼んでよいものです。潜伏期は生じないこともありえますが、生じる場合であっても性的活動や性的関心の全面的な中断を伴うとは限りません。潜伏期開始以前のたいていの体験や心の蠢きはそのときすでに論究した忘却である幼児期健忘に陥り、これによって私たちの最初の若年期は覆われて私たち自身から疎遠となります。どのような精神分析においても、この忘れられた人生の時期を想起に引き戻すことが課題として打ち立てられます。[*20]

フロイト流に言えば、子どもが社会全体の中で子どもらしいのは、児童期（学童期）だけだということになる。その時期の子どもは性的ではない。だから倒錯的ではないし、一生懸命に大人の社会に近づこうとしているだけなのだ。

ジャクソニズムの新しい視座

フロイトは、幼児期の発達をカール・アブラハムの理論的解明を使って口を中心として快を得る

「口唇期」（出生から一歳半）、肛門を中心として快を得る「肛門期」（一歳から三歳）、そして男根を中心として快が組織される「男根期」（三歳から五、六歳）、さらに性別が組織される「エディプス期」（六歳から八歳）とに分けた。[*21]

これらが年齢を伴った「段階」になっているのは、子どもは生後すぐには未熟でまだ心全体が組織化されていないからである。それは可塑性、もしくは未熟性と言うこともでき、成熟するには、前述のような累積的で段階的な発達が必要なのである。

ここでフロイトは、神経学出身の研究者らしく、神経学者ジャクソンにちなんだ「ジャクソニズム」という立場でものを考えている。それはちょうど脳の構造が古い層から新しい層へと累積的に重なっている状態を想定し、新しい層にいくに従って脳がカオス的でばらばらな状態から、だんだんとまとまりを持った秩序ある状態へ発展していくという考え方だ。つまり新しい層になるほど、思考や情緒がより成熟したものになっていくと考える。

フロイトは当初、発達を混沌から秩序へ一方向のものと考えていたが、晩年はもう少し複雑な思考をした。「ジャクソニズム」では、ある程度の層ができると、その層の上に別の新しい層ができ上がる、つまり決して古い層がなくなるわけではないが、新しい層から古い層へ逆流はないと考えていた。しかし、フロイトは新しい層にも古い層への抜け穴のようなものができると考えたのだ。そしてその抜け穴を通った先の古い層は、性心理発達では「固着点」と呼ばれる。

後の精神分析家で「アイデンティティ」という言葉を作ったエリク・エリクソンの言葉で言えば、

「口唇期」は口を媒介として「基本的信頼感」を確立する時期だということになる。[*22] そこで作られるのは、身体的な意味での性感帯である口を軸にしてその周りに、栄養を補給する授乳関係、心の安定を確認するおしゃぶり、さらには愛着関係の基盤である母子関係における口での接触などの行為が、位置づけられる層なのである。続いて「口」の層の上に、肛門、性器、そして対人関係といった層が形作られていくことで、性が組織化されていくのだとフロイトは言う。[*23]

しかし、このジャクソニズム的発想に基づいた発達理論のなかにこそ「固着点」という抜け道、落とし穴があるということをフロイトは発見した。ある層での関係作りがうまくいかなかった場合、つまり「口唇期」において基本的な信頼感に困難を持っている場合には、その層の周辺にその人の弱点のようなものが形作られる。そしてそこに固着点が生み出されて、一生涯の間に問題が生じるとつねにそこに戻るような、本人の特性ができてしまうのだ。

ダーマーは学生生活の途中で不適応を起こし始め、それとともに徐々に引きこもり、人との関係は同性愛的なものだけになってしまう。そして出てこられなくなるような袋小路に入ってしまったのだ。これをフロイト流に言うと、発達が制止して現実世界に出て行くことが困難になり、外出時には葛藤が生み出され、結局は自分の部屋に退行してしまったということになる。そしてその、退行していった自分の部屋、つまり固着点が授乳関係、つまり基本的な信頼を生み出す口唇期の後期(口唇サディズム期)であった可能性はあるだろう。実際、彼の家庭では両親の仲が悪く、虐待的な環境で生活していた。母親との安心した関係を作ることに固着しても不思議ではない。基本的に彼は愛情に飢えていたのだ。

性がまとまった体験になる前の幼児期——つまり性がカオスである時期——、その時期に生み出されるさまざまな身体、自己、対象との関係性こそ、人の変異の特別なあり方、つまり神経症を説明することができるのではないかという発想がフロイトには生まれてきた。

言い方を変えれば、倒錯的ではない「正常」な幼児などいない。むしろ正常な幼児こそ倒錯的なのだ。つまり極端な話、標準化された性の組織化のほうがまれで、正常の概念のほうが極端に狭いのではないかという発想がフロイトの革命的な思想だと言うことができる。

フロイト以後、私たちの性格や人格は、幼児期に大きな母型ができ上がり、正常でまっとうなあり方のほうがまれであると考えるようになった。正常というものは、大多数の人がもっている決まりきったパターンではなく、さまざまな性の倒錯的な多様性を持ちながら、大枠で同意されている常識でしかない。これは、むしろ正常でまっとうだと思っているほうが、極端に潔癖で完全主義的な異常の可能性があるということも示唆しており、普通の人間は、さまざまな倒錯的な部分を併せ持った多様なあり方を持っているという考え方が、精神分析の分野では常識となった。人は皆ある程度倒錯性を心のなかに持ち合わせている、ということだ。しかし、この考え方は、おそらく一般の人々にはなかなか受け入れがたい、抵抗を生み出すだろう。

3 エディプス・コンプレックス

「人はなぜ神経症になるのか」の答え

フロイトが性の組織化の複雑さを論じるためにクローズアップしたもうひとつの理論にエディプス・コンプレックスという男根を中心とした考え方がある。エディプス・コンプレックスとは、男の子が自分の母親を手に入れようと思い、父親に強い対抗心を抱くという、幼児期において起こる抑圧のことを言う。このエディプス・コンプレックスが神経症へ結びついていく過程にフロイトは注目した。

エディプス・コンプレックスは、男女の場合で異なっているが次のような過程を経る。

男の子は自分にペニスがあることを発見して去勢されてしまう不安を感じる。切るのは、自分が母親を独占したいと思っているのを怒った父親だとフロイトは考えた。これが男の子の場合のエディプス・コンプレックスである。

女の子の場合、少し複雑で、自分が男の子にあるもの（ペニス）を持っていない、それは母親と同じなので、母親のせいではないのかと疑い始める。そして母親と同じように父親とつながる可能性を抱きつつ、母親との競合関係に入る。つまりペニスがないことが、ペニスを求める気持ちになるのだとフロイトは考えた。*24

重要なのは、自分と父親、母親とのつながりについての空想が、性の組織化のためには必要で、それがある時期の子どもには「謎」として提示され、それを解消していくことが課題になるということだ。

しかし、児童期が始まる八歳より前の、幼児期の後期——男根期（三歳から五、六歳）やそのあとのエディプス期（六歳から八歳）——に入った後、子どもは共同生活のほうを重視するようになって、同性の友達との関係性のほうに徐々に目を向けるようになっていく。そこでの「謎」の対象はその共同体や、外の社会に向けられる。ところが、十二歳ぐらい、思春期に入ったころから、この問題は再燃してきて青年の心に混乱を生み出す。だからこの「謎」は、エディプス期、もしくは児童期から思春期までのどこかで、解消されていく必要があるのだ。ところが、児童期に先立つ幼児期に性がある程度、組織化されていないと、おそらく心は混乱に満ちたものになる。

そこで重要になってくるのは幼児期における四つの段階だ。口唇期で愛着や甘えを、肛門期で自律や衝動コントロールを、男根期で男女の差を、そして続くエディプス期で男性と女性のつながりについて理解をし、解消していかないと、性格に倒錯的なこだわりを残す。そして、本来共同生活をするために準備されている児童期、そして男女の関係を実際に体験するためにホルモンが増加する思春期、さらに青年期に、その倒錯的なこだわりを過剰に抑えて生きていく必要が生じてくる。過度に自分の衝動や欲望を抑圧したり、不自然にそれを隔離して生きていくこと、それが神経症の原因であるとフロイトは考えるようになった。

フロイトがエディプス・コンプレックスを重視したのは、そのためであった。このエディプス期に性をある程度自分の心の中に納める、つまり「謎」があまりに大きくなって意味不明にならない程度の小さな物語にしておかないと、「謎」は、青年期になったころに、解決できない大きな自問、そして混乱、その結果としての停滞や未解決となって自分に襲いかかってくるからである。本章冒頭でかかげた疑問の最後のひとつ、「人はなぜ神経症になるのか」の答えはこういうことでもあるのだ。

ギリシャ悲劇の名作「エディプスの神話」

フロイトがここで、エディプス・コンプレックスという名称をつけるにあたってギリシャ悲劇の名作「エディプスの神話」に依拠したのは、その劇作品の筋が大きく影響しているからだ。「オイディプス」は、テバイの王になった男性の物語である。彼は小さいころに、「自分の父親を殺すことになる」と予言されたことで、父親によってくるぶしに傷をつけられて捨てられた子どもであった。オイディプスというのはそのくるぶしの意味なのだが、彼は他人に拾われて、別の国の父母によって育てられる。だが自分がどこから生まれたのか、という無意識の問いがもともとあるオイディプスは青年になって、旅に出る。そして彼はテバイという国で、怪物スフィンクスの「謎」(朝に四本、昼に二本、夜に三本で歩くものという謎)を解いて、その妖怪を撃退することに成功し未亡人だった王妃と結婚してテバイ国の王になった。そこからこの悲劇の物語は始まるのである。この国はまるで呪われているかのような悪疫に苛まれている。英雄オイディプスは、再度、その呪いの謎を解こうとする。次第にわかってくるのだが、この解明は、自分自身が（父親と知らずに無意識に）父親を殺して、（母親と知らずに無意識に）母親を妻とした歴史を解くことになるのだ。しかしオイディプスは、謎を解こうとする。彼は次のように語っている。

よい、しからばもう一度はじめから出直して、このわたしがそのさだかならぬ出来事を、明るみに出してみせよう。…当然わたしもまた、おんみら（神々）の味方となって、この国のためまた神のため、共に報復のたたかいをすすめるものと思われよ。わたしがこの汚れを払おうとするのも、けっして縁の遠い友のためではなく、われとわが身のためなのだ。ほかでもない、かの人を殺したのが誰にせよ、その犯人は同じ殺害の手を、このわたしの上にも加えようとのぞむは必定。さればかの亡き人に尽くすことは、とりもなおさずわが身のためを、はかる途ともなるであろう。*25

オイディプスは、周囲がだんだんとその事実に気づき、もう追求はやめるようにと説得するにもかかわらず、つねに答えを求めようとする真理への追求者である。けれども、この探求のために、彼は悲劇的な家庭崩壊をもたらす。その意味で神経症的な探求者であった。しかし、オイディプスはいったいどのような神経症だったのだろうか。その答えは、後述していくことにしよう。

4　神経症が社会を作る

人間にとって必要である神経症

ここまで、幼児～児童～青年期にわたる性の組織化段階で、特に幼児期の多形倒錯的な性のあり方が、青年期以降の人格形成に大きな影響を及ぼし、そこで生じた問題から神経症を説明できることを述べた。ここから、私たちはより詳しい神経症論に入っていくことにしよう。フロイトは、まずトラウマの結果生み出される「外傷性神経症」(典型的な戦争神経症と言える)、現実の欲求不満、性の問題の結果生じる「現実(現勢)神経症」を設定した。この二つの神経症は、現実的社会でのショックなこと、あるいはストレス状況などが引き金になって陥る、いわば生物のストレスに対する反応としては順当な現象である。だがこれまでの議論からおわかりのように、フロイトは人間の持っている性の倒錯的傾向が神経症を作るような回路があり、だからこそ神経症は特異体質などに起因するものではなく人間が生まれながらに持っている内在的なひとつの傾向であることを指摘したのである。この発病の原因に性の秘密を持つような神経症こそ「精神神経症」なのである。今日この「ノイローゼ」と呼ばれる日常語になっている現象を、発見しそれを中心に「精神神経症」という病を定義したのは、フロイトなのである。

そして、フロイトのもうひとつの重要な功績は、神経症が人間の進化に必要だと宣言したことだ。

だが神経症という表現が、人間の進化に必要であった理由は何なのだろうか。

フロイトは『入門』の第二四講「普通の神経質」で、どのような背景にしろ、神経症になる理由を「疾病利得」という概念で説明している。[*26] それは病気になることで直面する問題に関してある一定程度の解決が得られるということだ。例えば、戦争神経症であれば、戦場を回避する結果を、現実神経症であれば、夫婦関係の問題を不安や身体で表現して、夫（妻）の配偶者としての妻（夫）の心配を引き出すことに成功すると考えた。だからすべての病気（神経症）には意義（無意識的な意図と言い換えてもいいのだろう）があると言える。これは失錯行為についてフロイトが発見した「失敗に意義がある」ということから、「病気にも意義がある」ということへの連続的な思考と言えるだろう。では裏側に倒錯を持っている精神神経症には、どのような利得があるのだろうか。

この問題を考えるにあたって、ここではデカルトの時代、もっとも大きな問題であった宗教戦争の起源にまで戻って、人間にとって「罪」という主題を取り扱ってみたい。宗教戦争は、ルターに始まる新教、つまりプロテスタントの登場によって、カソリックとの間に起きた熾烈な闘争のことだが、同時にヨーロッパの政治と文化を二分する戦争でもあった。プロテスタントは、これまでの教皇を中心とするカソリック教会が官僚化して形骸化し権威的な組織になってしまっていることを非難して、官僚組織ではなく聖書に基づいた内面の信仰を基盤として宗教を見直すことを唱えた。つまり外の権威による社会の統治ではなく、内面の「罪」を見すえ、そこでの信仰心を基盤にして宗教、そして社会を発展させることを試みた。その出発点は、ダーマーのような倒錯者とは全く反対の、厳格な宗教者マルチン・ルターであった。

ルターの生涯

ルターは一四八三年一一月一〇日に、中部ドイツのハルツに近いアイスレーベンで生まれた。父親はもともと農夫であったが、末子相続制度によって、家を出て、炭鉱で働くようになった。ルターは父母について「私は農民の息子である。私の父も祖父も祖先も生まれながらの農民である。父はあとでマンスフェルトに移転し、そこで鉱夫になった。母は背にいっぱい薪を負って家に帰った。このようにして父母は私たちを育てた。」と書いている。[*27] マルチンはその次男としてアイスレーベンに生まれ、一四歳のときに両親のもとを離れて、マグデブルクのラテン語学校の寮に入る。そこは共同生活兄弟団という宗教団体によって経営されており、そこで神の信仰のために苦行をしている人物に出会って感動する。父親の命令で、そこを一年で去り、アイゼナハの聖ゲオルク教区学校に入学、四年間を過ごす。そこで彼は優秀な先生に恵まれ合唱団に入って、周囲からも一目置かれる熱心な信心深い学生になっていく。一五〇一年に一八歳でエルフルト大学に入学、ルターの父親は息子が法学を学んで、法律家あるいは行政官として活躍することを望んでおり、ルターもそれに応えて一五〇五年には一七人中二番の成績で修士の試験に合格する。

この七月に、彼は有名な体験をする。それは蒸し暑い夏の日で、自宅からエフフルトに戻るために、シュトッテルンハイムという村にかかったとき、突然空に暗雲が広がって、雨が強く降り始め、強風とともに嵐になった。ものすごい稲光りが轟音とともに彼の傍らに落ちた。彼は大地にたたきつけられ、瞬間、最後の審判が始まろうとしていると感じ、死の恐怖におののき、思わずひざまずいて叫ぶ。「聖アンナよ。どうか助けて下さい。私は修道士になります」と。彼はこの死の恐怖に対するパニック発作のために、優秀な文学修士の学位を得たばかりの大学を父親の許可もないままに退学して、この誓願に基づいてアウグスチヌス会修道院に入る。この決定は父親との対立を生み出した。そして修道士として最初のミサを行ったときに、精神分析家のエリクソンが『青年ルター』のなかで書いているように、エルフルト聖歌隊で発作を起こす。突然卒倒して取りつかれたように「うわごとを言い」、雄牛のような声でうなり「それは私ではない」と言ったのだと言う。その後、宗教的対立をした人たちのなかにはこの体験は悪魔に憑かれたという解釈もあるが、興味深いのはこのミサの途中に彼自身が疑問にかられていたこと、そしてミサの後、食事の席で父に対して「どうしてあんなに修道士になることを反対されたのですか」と聞いたことだろう。我慢して列席していた父親は「おまえは神のお召しを聞いたというが、悪魔の声を聞いたのではないか。お前たち学者は聖書のなかに『あなたの父と母を敬え』とあるのを読んだことがあるのか」と反論され、この言葉はルターの心に生涯残ったとされている。

最初の落雷の体験、修道院、最初のミサにおける体験は、明らかにパニック発作であり、その体験をどのように捉えるかについてはいくつか説があるだろうが、精神医学的には神経症的な反応だと考えることが良いだろう。そしてそれは父親の反対と密接に関連している。

彼は修道院の静けさのなかで、死の恐怖にしばしば取りつかれ続けているように見えるし、その意味では強迫観念に取りつかれているように見える。彼はこの苦悩のなかで、心の父親とでも呼べるような相談相手シュタウピッツと出会う。シュタウピッツはトマス＝アクィナスの弟子で、優れた神学者であったが、その彼に自分の罪に関する苦悩を打ち明けることで、自分のなかの怒りに気がついていく。シュタウピッツは言う。「あなたは愚かなんだ。神があなたを怒っているのではなく、あなたが神に怒っているのだ」と。

一五一二年、彼は有名な「塔の体験」と呼ばれる体験を修道院の書斎のなかでする。彼はキリストが神に見捨てられたことを、そして耐えがたい寂しさを感じることを疑問視しながら、神を罪に対する審判者と見なしていた考え方から、一八〇度転換してキリストは人間の罪を一身に引き受ける、自ら人間の苦悩を受けた哀れみ深い存在に換わるという体験をして、彼は自らの理解を言葉にしていく決意をすることになる。彼はこの体験をしたヴィッテンベルク大学で、詩篇についての講義をし始める。そしてルターは「七つの悔い改めの詩篇」、「ヘブル書の講解」、「スコラ神学に対する九十七箇条の提題」、続いて「免罪符に対する九十五箇条の提題」と、宗教改革の火蓋を切る、さまざまな文書を世に発表していくことになるのである。後に国会で皇帝とローマ教皇の使者を前にして立ち上がり、自分の言葉で、破門を覚悟して人間の正直について信念を持って「私の良心は、神の言葉と結びついている。何一つ撤回することはできないし、するつもりはない。良心に反してなすことは、危険であり恥である」と語る人物になっていく。

本書でこれ以上ルターについて議論する必要はないだろう。詳しくは、エリクソンが『青年ルター』で心理歴史学の手法でまとめているのでそちらを参照していただきたいが、ルターが追放の宣告を受けて後も、運動としてのプロテスタントが生き残った理由は一つではなく複合的なものである。[*28] 一五一四年、ローマ教皇レオ一〇世がマインツ大司教に贖宥状の販売を許可したことは大きい出来事で、ほぼ独占的に商売をしていたフッガー家が認可を受け、ドイツ国内で大々的に免罪符の販売が行われたことは、宗教と商業、さらに財閥と政治と宗教の癒着と見なされた。ルターの言葉は、その意味で商売化された宗教への批判として効果があった。また本当に商家と宗教から搾取されていた農民たちが怒り、何年かに一度は繰り返されていた農民戦争も大きい。それはルター主義が流布する契機になった。さらにグーテンベルクの印刷術が印刷物を大衆に向けて配る機会を与え、ルターによる聖書のドイツ語化の普及の助けになり、本当の宗教とは何かを多くの人が聖書の「言葉」に基づいて語れるようになった。そうしたテクノロジーによる進歩もその背景にある。

よく映画に描かれている九五カ条の提題が張り出される場面や破門状を焼き捨てるという場面は、後世の作り話だったというが、ルターの雷体験、聖歌隊での失神体験、そして塔の体験は、いずれも真実とされている。これらは今日からみれば一種のパニック発作、恐怖症だし、ルターの修道院生活の間、そして修道士になってからも、罪と神の審判に取りつかれた観念は、強迫性障害と呼んでも良い不安と死に取りつかれたものだった。彼が父親との間でつねに服従を強いられてきたことを考えれば、次のエリクソンの解釈はなかなか強烈なものである。[*29]

神は、マルチンの内面において、ハンス（父親）にとって代わる必要があった。それによってマルチンは、ハンスに従う必要がなくなり、服従と否認の意味も、より高次の、歴史的により重要な次元に移行する。そのためには、人を圧倒するような外から来る超越的な経験が必要であった。そうすれば、あるいはハンスの方が息子を手放さざるをえないと感じるか（それはハンスにとって不可能であったし、願うはずのないことであった）、あるいは息子の方が父親を拒否するか自らが父親になることを拒否することができるようになる。というのは、誓約が最終的に意味したのは、マルチンが別の父親に仕えるということであり、マルチンがハンスの孫の父親にはならないということであった。司祭への叙階は、息子にとっては霊的な父として、魂の保護者として、永遠へと導く者としての礼典に基づく任務の開始を意味した。*30

強迫神経症が生み出した労働観

つまり、これは宗教改革という舞台における「エディプス・コンプレックス」物語なのである。ルターは父親の誤謬に挑み続けた。エディプス・コンプレックスにおける父親殺しをして、そこから抜け出すことは簡単なことではなく、そこでの葛藤が原因である神経症症状は強迫性障害として長く彼を苦しめ続ける。しかし内なる父親に対して「人は信仰によってのみ義とされる」という説を主張し続けて、その結果として一五二一年にレオ一〇世により破門されてしまったとしても、自分の内なる信念を言葉にする作業を続けた。

ルターに性的倒錯があったとまでは言わないが、強い性欲があったのだろう。そして、だから不安発作を青年期に起こした。その意味でルターは、幼児期の性の組織化に失敗していた。そして青年期には精神神経症に近い状態に陥り、強い罪悪意識から逃れられなかった。ここまではダーマーと変わらない。だがルターは彼の真意を知るザクセン選帝侯の好意により、ヴァルトブルク城にかくまわれ、その後宗教革命に大きな影響をもたらす新約聖書をドイツ語訳する作業に没頭する。しかし、その作業に入るまでは、彼にとって父親は葛藤の対象であり続けたし、それは隠遁生活のなかでも変わらなかった。彼のリビドーは内なる父親との間で葛藤を続けていたのだ。彼は、その後、還俗して結婚するが、つねに罪悪感による鬱と戦い続けた。フロイトは、息子の困難という視点から罪悪意識について次のように書いている。

エディプス・コンプレクスに、神経症者が頻繁に苛まれる罪責意識の最も重要な源泉の一つが認められてよいことはまったく疑いがありません。しかし、それだけではありません。一九一三年『トーテムとタブー』という題で上梓した、人間の宗教と倫理の始まりに関する研究を進めるうちに、私は、もしかしたら総体としての人類は、宗教と倫理の究極の源泉であるその罪責意識を、歴史の最初にエディプス・コンプレクスから得たのではないかと推測するようになりました。[*31]

母子関係、父子関係、幼児期のプロセスのなかでのマルチン・ルターの自我の発達を考えるとき、それはフロイトが多くの神経症者を分析して到達した「息子の困難」という課題の重さに重なってくる。

息子にとっての課題は、そのリビドー的欲望を母から分離して、現実の別人を愛の対象として選択するために使用し、父と敵対していたのなら父と和解するということ、もしくは、幼年期の依託への反動として父への隷属に陥っていたのなら、父の圧力から自己を解放するということに存します。こうした課題は誰にでも生ずることですが、その処理が理想的な仕方で、すなわち社会的にも心理的にも正しい形で成功するのはいかに稀なことであるかは、注目に値します。ただし、神経症者にはこの解決がおよそ成功することがなく、息子は生涯にわたって父の権威に屈服したままで、リビドーを他人である性的対象に転移することができません。[*32]

ルターの悩みが今日の資本主義に生きる私たち自身と「労働」という領域で密接に結びついていることを、マックス・ウェーバーを通じて知ることができる（社会学者であるウェーバーはフロイトの同時代人であったが交流は全くなかった)。ウェーバーの理論にとって、ルターの物語は本質的な意味を持つものである。労働を回避すべき労苦と見なした一七世紀の哲学者パスカルと対比させて、ウェーバーはルターについて以下のように語っている。

ルターの業績のうちで後世に最大の影響をもたらしたものの一つが、世俗の職業生活にこのような道徳的な性格をあたえたことであるのは、実際に疑問の余地のないところであり、一般に広く認められていることでもある。パスカルは瞑想的な気分から、世俗的な活動が尊重されているという事実は、人々の虚栄心や狡猾さによってしか説明できないと強く確信していたが、こうした労働への嫌悪感と、このルターの労働観はきわめて対照的である。*33

ここで私たちはルターという人物の持っている神経症が、人々に道徳的性格をもたらしたと述べることができる。彼は不安神経症とも強迫神経症とも診断できるような神経症状態にいたわけだが、内面的な価値として節約の精神を世の中に生み出したのだとウェーバーは、上記の引用の後で論述している。だからこの論理に沿うならば、強迫こそ資本主義の労働感を生み出し、それが現代の資本主義にまで生きていると考えることができるだろう。

それは同時に、ルターの父親が息子マルチンに対して、あるいは社会が個人の願望に対して、それぞれが、それぞれを抑圧するために生まれてきたものであり、そこにはつねに神経症が生じてくると考えることもできるだろう。しかしルターの場合は、神経症的との葛藤を通じて、そこから生み出された思想は社会の規範にまでなっていった。これをフロイトは「昇華」と呼ぶ。

この過程を私どもは「昇華」と呼びますが、それは、根本的に我欲的なものである性的目標よりも社会的目標を尊重する一般的評価に追随している。[*34]

それができるとフロイトが考えたのは芸術家たちであり、ルターに言及しているわけではないが、ルターのようにこれまでの価値観を転覆するほど、新しい思想を考えて、それを文字に残していく、そんな「書く力」が文字通り、社会を変える力になっていく神経症的な人物たちがいるということをフロイト自身が意識していたことは間違いないだろう。

人間にとっての神経症の持つ二つの意義

ここで、私たちは、『入門』の最大のテーマである、人間にとっての神経症の持つ意義に肉薄できるようになった。ここで改めて、オイディプス、ルター、ダーマーという本章で挙げた三つの神経症の事例を並べて考えてみたい。

個人と集団、願望と倫理と同様に、倒錯と社会規範は対立する。そして個人の心のなかでの対立は葛藤と呼ばれ、その葛藤は神経症を生み出す基盤になる。倒錯的な願望が強い人間（ダーマー）

は社会から罰され、倒錯的な行為を無意識に行った人間（オイディプス）は自らの罪の重圧のために、自らの目をついて盲目になり放浪の民になった。だがルターはエディプス・コンプレックスのために父親に勝ちたいという願望と父親の絶対化を常とする社会規範との間の葛藤を昇華して社会的な改革者になった。

ルターは父親との確執を通して、カソリックという権威に対する彼自身の宗教的な葛藤を生み出し、それはプロテスタンティズムという宗教的な信念へと昇華していった。プロテスタントの登場とともに、私たちの文化は、神からの罰ではなく、罪の内在化の文化を手にすることになった。エディプス・コンプレックスの文脈で考えるならば、父親からの一方的な罰を、自分のなかに内在化させて罪の意識として、それを節約や労働の原理とし定着することを可能にし、これが資本主義における労働価値観をもたらした。新教の基本的な発想は内在化された罪で生きることこそ本当のキリスト教だという観念であった。

そしてこの新しい文化は、長く旧教を代表する古い文化と、ヨーロッパで対立し続けた。ルターの死後、一〇〇年後の一六四八年一〇月二四日、ヨーロッパのほとんどの国が参加して、現在のドイツ・ノルトライン＝ヴェストファーレン州にあるミュンスターで、ヴェストファーレンあるいはウェストファリア条約が締結された。新教と旧教の二つの妥協の結果、今日のヨーロッパの原型はこうしてできた。

ルターの強迫神経症は、ヨーロッパ文化を作り出す大きな潮流を作り出した。神経症には、社会的な改革の可能性が含まれているというのはこういうことなのだ。

また、何も社会的な大きな事柄だけでなく、個人の生き方においても、神経症は重要な意義を果たす。

本章冒頭で、フロイトが悩んだ進化論的な問題のひとつとして「人はなぜ自分を抑圧し道徳心を持つのか」ということを挙げた。道徳心の具体的な感情である「罪」はいけないことをしないように、また「恥」は他者の前で変なことをしないようにということからわかるように、道徳心とは私たちの社会的な行動を制御している感情だ。これらの感情は、本来的に多形倒錯傾向のある私たちが集団行動していくために、近親相姦や乱交などを避けるために生じた社会規範に基づく感情なのである。だが社会的な感情だけで個人が生きていくだけなら、その個人は集団に拘束された状態で身動きできないだろうし、抑圧だけで生きていくことになる。その個人と社会の葛藤のなかにあいた穴として、どうにか生きていくための抜け道として神経症というものがあるのだ。

社会は個人の心のなかに神経症を作り出す。[*35] しかし、それがあるからこそ私たちはどうにか日々を生きていくことができるわけだし、同時に神経症を通して、個人が社会を変えることもあり得る。そのときの神経症のあり方、そして一人ひとりの内在化された解釈（例えばルターの場合で言えば、強迫神経症や、その罪の内在化）は新しい個人の心のモデルになるはずだ。

「性の秘密」の大切さ

私たちは、第1章で、自我の明晰性を保とうとしたことから起きてしまう「失錯行為」のなかに自分の心の葛藤を、第2章で、「夢」の漠然とした世界に分け入って、その夢が「願望充足」の代替表現であることを見てきた。そしてこの第3章では、「性の秘密」を深く見ることによってそれが神経症までつながっていく回路を見ることができた。

ここで再度、フロイトの「神経症は倒錯の陰画（ネガ）」であるという言葉の「陰画（ネガ）」の意味を考えてみよう。写真のネガを考えてもらえれば良いのだが実際の写真ではネガの黒いところが白くなる。つまり「神経症は倒錯の陰画（ネガ）」という言葉は、神経症——現像された写真——は、その人の性格の基盤である倒錯傾向——陰画（ネガ）——を白黒反転させて現像したものである、ということを意味する。そして神経症になる理由は、倒錯傾向（ネガ）がそのままの状態で表出してこないように、私たちの現実社会で、道徳や倫理を使って（自身で）行っている抑圧、あるいは（みんなで）行っている隠匿——写真で言う現像、つまり反転——に無理が生まれてくるからである。

だがこれが単なる陰画に留まるものではなく、あるときには社会規範そのものを変えるような形で「昇華」される姿を、ルターを通して見た。神経症は、個人の心のなかの倒錯が、集団の社会規範、道徳や倫理との間で葛藤している状態だとすれば、失敗や夢がそうであったように、社会全体の規範を変えてしまうような新しい価値観を生み出す基盤にもなる。

この神経症を解くカギが、それまで世間から疎ましいもの見られていた「性」であるという理論は、フロイトの成し遂げた業績のなかでも圧倒的な独自性に満ちているものだと言えるだろう。

性の領域でフロイトが成し遂げた大きな成果は、リビドーという仮説的なエネルギーの想定をしたことだ。そのおかげで、性の組織化という身体と精神とを媒介にする発達様式を説明することができるようになった。*36 生物学的にセットされた栄養需給の体験が、口を介した快感のあり方に関連しており、ヒトとヒトとの信頼関係にも発展する。身体的な生理学的満足の体験が心的な体験の強化を通して人間関係、社会関係にまで広がっている。このように生物としてのヒトと社会的存在としてのヒトの交わりを媒介させる要素としてリビドーを捉えた点でも、フロイトは革新的であった。私たちの意識には、家族の領域と社会の領域があり、それは二つの別のものであったが、これを「性」を通して関連づけてみせたのだ。冒頭でいかがわしい響きすらある「性の秘密」という言葉が、実は非常に大切なものであると書いたが、その理由に納得してもらえるのではないだろうか。

確かに思春期になって、ヒトとヒトとの間に恋愛をはぐくむには、ヒトをどう信頼するかということに裏づけされた安心感をある程度持っている必要があり、人に甘えたり、その反対に恨んだりする関係を生き抜くことで、自分が自分の気持ちを自律的にコントロールして、気持ちを保持したり抑えたりする必要があるだろう。もちろん男女の違いを意識して、対人関係における押し引きも学んでいく必要がある。そうした愛の対人関係は、恋愛や家庭を作るための基本的な原理のようなものである。「性的」というのは、「生殖的」という狭い意味ではなく、そういう広い意味での愛のあり方、対人関係のあり方を規定するものという意味なのである。

＊1　ジークムント・フロイト、「精神分析入門講義」、『フロイト全集　第一五巻』、三四九ページ

＊2　ジークムント・フロイト、「性理論のための三篇」、『フロイト全集　第六巻』、一六四ページ

＊3　マルキド・サドは、肉体的な快楽こそすべてだと考えた小説家。ほとんどの人生を虐待と放蕩で過ごし、刑務所と精神病院で暮らしそこで小説を書いた。レーオポルト・フォン・ザッハー＝マゾッホも小説家で、苦痛を快と感じる倒錯を『毛皮のビーナス』で描き、実際にそうした関係を持つために女性と契約していた。

＊4　彼が書いた「性理論のための三篇」は、イギリスの著名な性科学者であったハバロック・エリスを感動させたという。エリスは、フロイトの『夢解釈』に対応した夢に関する著作『夢の世界』を一九一一年に書いたが、それほどフロイトが発表する学説は、当時の性科学者たちに多くの共感を呼んでいた。

＊5　ジークムント・フロイト、「精神分析のある難しさ」、『全集　第一六巻』、四五ページ

＊6　「性理論のための三篇」、『フロイト全集　第六巻』、二二一ページ

＊7　ジャレド・ダイヤモンド、『セックスはなぜ楽しいか』、一一五ページ。ダイアモンドがここで挙げているのは六点だが、本書では五点に集約させた。

＊8　『セックスはなぜ楽しいか』、四五ページ

＊9　『セックスはなぜ楽しいか』、一五ページ

＊10　『セックスはなぜ楽しいか』、一一七ページ

＊11　ルーシール・B・リトヴォ『ダーウィンを読むフロイト』を参照。

＊12　Sulloway, Frank, *Freud, Biologist of the Mind: Beyond the Psychoanalytic Legend*を参照。

＊13　ブライアン・マスターズ『死体しか愛せなかった男：ジェフリー・ダーマー』を参照。

＊14　リア・グリーンフェルドが*Mind, Modernity, Madness: The Impact of Culture on Human Experience*で指摘しているように、精神病が資本主義の結果であるなら、同性愛も神経症も時代精神の産物だと考えることもできるだろう。同性愛が異性愛に対して病気だった時代もあるが、現在はこれを病気と見なす文化は少なくなっている。

＊15　「精神分析入門講義」、『フロイト全集　第一五巻』、三六六ページ

＊16　「精神分析入門講義」、『フロイト全集　第一五巻』、三八一ページ

＊17　「精神分析入門講義」、『フロイト全集　第一五巻』、四六四ページ

＊18　「精神分析入門講義」、『フロイト全集　第一五巻』、三七八ページ

＊19 「性理論のための三篇」、『フロイト全集　第六巻』、二九五ページ
＊20 「精神分析入門講義」、『フロイト全集　第一五巻』、三九三ページ
＊21 Abraham, Karl, A short study of the development of the libido, in Frankiel, R.V. (ed), *Essential papers on object loss*を参照。
＊22 「精神分析入門講義」、『フロイト全集　第一五巻』、三七九ページ
＊23 「精神分析入門講義」、『フロイト全集　第一五巻』、三八四ページ
＊24 この女の子のエディプス・コンプレックスに関してはフロイトはあまり確信が持てなかったのだろう。『続入門』で「女性性」という一章を付け加える。この問題は、ペニスがそれほど重要ではないのではないかといった議論（ホルナイ）から、ペニス羨望こそが女性性を決めるというフロイトの議論までその後もさまざまな議論が行われている。
＊25 ソポクレス、『オイディプス王』、二八頁
＊26 「精神分析入門講義」、『フロイト全集　第一五巻』、四五九ページ。彼はここで一次的な（内的）疾病利得と二次的な（病気の結果生じる）疾病利得を分けている。
＊27 藤田孫太郎『ルター自伝：卓上語録による』を参照。
＊28 エリク・エリクソン『青年ルター［1］、［2］』を参照。
＊29 エリクソンの業績でもっとも大きなものは心理歴史学で、これは歴史を個々の人々の心理の出来事の集積と考えて、ライフヒストリーを分析する手法である。青年期を一種の統合と見なして、「アイデンティティ」という概念を作ったのもエリクソンである。エリクソンはガンジーやルターなどの革命を行った人々に焦点を合わせている。
＊30 『青年ルター［1］』、一四二ページ
＊31 「精神分析入門講義」、『フロイト全集　第一五巻』、三九八ページ
＊32 「精神分析入門講義」、『フロイト全集　第一五巻』、四〇三ページ
＊33 マックス・ウェーバー『プロテスタンティズムの倫理と資本主義の精神』を参照。
＊34 「精神分析入門講義」、『フロイト全集　第一五巻』、四一三ページ
＊35 リア・グリーンフェルドは、近代資本主義社会が精神病を生んでいるとかなり実証的な立場から述べた。*Mind, Modernity, Madness: The Impact of Culture on Human Experience*を参照。
＊36 この概念が生物学的な概念か、心理的な概念か、それは進化心理学を含めた、これからのヒトに対する性科学の進歩を待つことしかできないが。

第4章

煩悩・神経症からナルシシズムへ

フロイトの神経症論は、社会が神経症を作るが、同時に
神経症をはじめとした倒錯や精神病こそが社会のあり方を形作っている
という循環的な視点を私たちに提供する。
だとしたら、現代社会をもっとも良く反映している神経症とは何なのか。
本章では、現代社会を映す鏡として、
「ナルシシズム(自己愛神経症)」を考えていくことにしよう。
フロイトは、この症状を戦争の時代に発見し、
その後、晩年の最大の発見の一つとして深く考察を進めていくのだが、
これが現代社会の「自我」のあり方に大きく関わってくる。

1 ナルシシズムの発見

フロイト心理学モデルの完成

本章では、一九二三年の「自我とエス」というフロイトの論考につながっていく「自己愛＝ナルシシズム」に焦点を合わせていくことにしたい。これは、フロイト理論を精神病理学から革新的な心理学モデルへと発展させていく上で、そしてこれまで検討してきた【性、道徳、神経症】という領域での三つの問い、(一) 人にとって性が特別なのはなぜか、(二) 人はなぜ自分を抑圧し道徳心を持つのか、(三) 人はなぜ神経症になるのか、に対する総括的な回答を得る上でもっとも重要な概念であり、文字通り、現代社会での心のあり方を映し出す概念でもある。

『入門』の二六講「リビドー理論とナルシシズム」のなかで、フロイトは一九一〇年代から考え始めていた、精神医学的領域への探索の成果を記している。それは「ナルシシズム」つまり自己愛という言葉にまとめられる。「ナルシシズム」は、もともと性科学者であるハバロック・エリスが倒錯として考えた「自分の身体だけを愛する」自体愛の延長にあり、フロイトによれば、ネッケ、あるいはモレルなどの性科学者が指摘して、倒錯の一形態とみなされるようになった言葉である。自分の世界に耽溺して出てこない、そんな自分しか好きになれないという種類の倒錯のことであった。

フロイトは、『入門』の後半でこれまでの精神神経症発生の原因が「転移」に集約されると述べた。転移というのは、解決できていない過去の対象との関係を現在の治療者との間での繰り返すことを言い、普通の神経症（外傷神経症、現実神経症、精神神経症など）の中心的な発想となる（この「転移神経症」という概念をうまく扱い解消していくことで神経症は治療までたどり着く可能性をもたらした）。しかし一九一四年に書かれた「ナルシシズムの導入」という論考では、これらと全く異なるタイプの神経症があると書かれ、そこに「ナルシシズム」という概念が導入された。最初は自己愛神経症という分類が行われていたが、今日から見れば統合失調症患者であるシュレーバーの手記の分析を通じて、フロイトは、比較的重症の鬱や妄想などの病に対する言葉として、また転移神経症が起きない患者たちについての新しい知見として「ナルシス的精神障害（自己愛神経症）」という考え方を導入している。この概念は（転換）ヒステリー、強迫神経症、不安ヒステリー（恐怖症）など普通の神経症での諸症状が転移から導き出されたのとは全く反対に、転移が起きない、起きにくい心の病を記述するために使われ、そこでは「メランコリー（躁うつ病）」と、妄想症や心気症をまとめた早発性痴呆、つまり「統合失調症（フロイトはこれにパラフレニーという言葉を使う）」という二つの症例を説明するためのモデルになった。こうしてフロイトは精神病を含めた精神病理学、精神医学の課題のすべてを網羅するモデルを完成させたことになる。

だが戦争が始まっていた。

戦争の時代におけるナルシシズム

大きな事故にあえば、それが外傷(トラウマ)になって病理的な反応を起こす、フロイトも戦争神経症の議論のときに、鉄道事故の悲惨さのなかでPTSD、つまり外傷的な体験の後にストレスに対する特有の反応が起きるようになってしまった精神症状を発症する事例を報告している。それは本人の自我の記憶に残った損傷のため「自我が圧倒されている」という状態である。しかしフロイトは、このトラウマよりも深刻なのは、そのときの人間の「自我」のほうではないか、そう考え始めた。それはナルシシズムという言葉によって集約される。

フロイトにとって、彼の周辺での戦争による多くの外傷(神経症患者)の散見と、彼自身の内面におけるナルシシズムの発見は対になっているように見える。

当時のことを考えてみよう。第一次世界大戦は、ドイツを封じ込めるためにヨーロッパ諸国が協力した戦争だった。ドイツは工業製品においてイギリスを凌駕しつつあり、後進国ながらヨーロッパの大国になりつつあった。戦争が始まってすぐに、フロイトはユダヤ人の協会で「戦争と死についての時評」という講演をしている。そこで彼は「われわれは、この戦時の渦に飲み込まれ、一方的な情報しか与えられず、すでに実行されたか、あるいは実行され始めているさまざまな大変動から距離をとることができず、未来がこれからどのような形になっていくかを察知することもできないでいる」と言い、市民全体が「少なくとも自分の心のなかだけでも、とるべき道を見つけることを容易にしてくれるなら、どのような小さな示唆でも」捜し求めている状態にあると言いつつ、

「戦争はわれわれから、文明が後からかぶせた層をはぎとり、われわれのなかに原人間を再び出現させる」とも言っている。[*1]

人間の文化は、性愛の影響の下に生まれる利己的な欲動を社会的な欲動へ、より正確には社会的な性格を帯びた欲動へと変換すること、つまり社会に合わせた形で欲動を変形させることができる可能性がある。フロイトはこの欲動と社会とのフィッティングの作業を「文化適性」と呼んだ。[*2] 人間は文化適性のために社会をより便利に、より快適に進化させるが、戦争は真逆の退行であり、社会から悪として忌避される欲動だ。そこには、「自己愛」と「残忍」の象徴としてナルシシズムとサディズムとが働いている。そして、それは人間の原初的であり本質的な傾向であるとフロイトは言っている。[*3]

ナルシシズムとサディズム、この二つは口唇期、肛門期への退行と見なすことができ、一方は自分の世界に引きこもる方向性、もう一方は外の世界を破壊する方向性を持っている。つまり、自我と対象という二つの方向を目指しているわけだが、戦争というものはその双方が極端にふれて起きる。つまり人間が相互に自分の世界に閉じこもり、利己的になり、そして、自分の内側の敵をすべて外的なものと見なしたときに、戦争という選択が目の前に現れるのだ。フロイトにとって自己愛は生きている上である程度断念する必要があるもので、社会的な人生とは「性愛的な構成要素が混じることによって、自己愛的な欲動は社会的欲動へと変換される。人は愛されることを、そのため他の利益を断念しても良いような利益として評価することを学ぶ」[*4]ということなのだが、戦争は、その反対、つまり原人間の世界に、自己愛に埋没することなのだ。
興味深いのは、この講演のなかで、人間が「死を願う気持ち」を持っていると指摘していることだろう。それは愛する人たち、例えば両親や伴侶、兄弟姉妹や子どもなどが死んだり、死に瀕する危険に出合ったりしたときにわかるのだという。

この愛する人たちは、われわれにとって、一方では内的所有物であり、われわれ自身の自我の構成要素でもあるのだが、他方では部分的に疎遠な存在であり、敵でさえある。われわれの愛情関係のうち、もっとも情愛深く、心のこもった関係にさえ、きわめてわずかな状況を除いて、ひとかけらの敵意が付着している。そしてそれが無意識の死の願望を活発にすることがある。このような両価性の葛藤からは、かつてのように霊魂の学と倫理学が生まれるのではなく、神経症が生まれる。……（精神分析が明らかにしたのは）親族の幸せを願う度の過ぎた気遣いという症状や、愛する人の死後に発生する、まったく根拠のない自己非難など。[*5]

つまり私たちの無意識は、「自分の死を思い描くことに対しては受け入れようとはせず、敵に対しては殺してやりたいと思い、愛しい人に対しては葛藤含みで両価性に陥る」ものであり、だからすぐに戦争は夥しい喪失とともに「われわれのなかに原人間を再び出現させる」ものなのだ。殺戮が平時になったとき、戦争は無意識に原始的な万能感を呼び覚ます。そして「戦争はもう一度、自分の死を信じることができない英雄になることを強いる。戦争はわれわれに、疎遠な人に敵のレッテルを貼り、その死を招くべきであり、その死を願うべきであると思わせる。そして戦争は、愛しい人の死に関しては、それを無視するようにわれわれに勧める。しかし戦争は廃止されることはないだろう[*6]」ということなのだ。

フロイトは、一九二〇年「快原理の彼岸」という論考のなかで「生の本能（エロス）」に対して、「死の本能（タナトス）」を提示している。彼は熟考の末に、人々が死を、あるいは無を、それよりも破壊を求める欲動や衝動を認めるという立場をとることになった。もちろん仮説的なものだとはいえ、彼が死に向かう傾向を持たざるを得なくなったのは、愛する人にすら死を求める気持ちは、人々に普遍的にある衝動ではないかと考えるようになったからだ。

現代社会は、二つの世界大戦での惨禍のために、その後、大量殺戮をやめた。冷戦は、タナトスの恐怖によって作られた均衡にしかすぎなかった。東西の対立が、資本主義の情報と経済のネットワークによってグローバルになり、ベルリンの壁が破壊されたときに、一瞬、この分裂が統合されるのではないかと、多くの人が思ったのだろう。経済的なネットワークのおかげで、相互の直接衝突を回避する回路を作ってきたからである。にもかかわらず、その後も独裁主義国家や地域限定戦争はなくなってはいないのだ。これは人間の心理に普遍的な欲動があるのではないかというフロイトの疑問を裏づけている。

フロイトがここで「自分の死を信じることができない英雄」と呼んだのはナルシスである。そしてそれがこの時代に登場する独裁者の特徴でもある。ナルシシズムは転移を生み出さない、自己の中核への引きこもり、葛藤を受け入れない状態への退行を意味する。

フロイトが精神分析のなかで抽出した、普通の神経症（外傷神経症、現実神経症、精神神経症など）の中心的な発想となる、「転移神経症」という概念は、精神分析に治療の可能性をもたらした。転移というのは、自分の過去の対象との関係を現在の治療者との間での繰り返すことを言う。だから神経症の人は自分の葛藤、例えば父親とのエディプス葛藤を治療者との間のエディプス的な関係として持ち込み、それが治療の可能性をもたらす。だがナルシス（自己愛）神経症はその反対であり、転移を生み出さない。転移は外の世界との関係を生きるのだが、ナルシスは、外は死んでいる世界とみなし、自分の世界だけに入って、そのハードルから出てこない状態である。

フロイトが戦争を起こす心性をナルシスとサディズムにたとえたのは、その現象の傍若無人さのためであり、それが他者への配慮が全く欠いた状態だからなのである。その意味で外傷性神経症は外界に圧倒的な力があり、それに服従した状態、それに対してナルシス的、自己愛的神経質は外界を全く認識しないような自我のなかに閉じこもった状態だと言えるだろう。

神話のなかのナルシス：精神病的な世界

神話のなかで登場するナルシスは、画家カラヴァッチオの描いた描画が有名だが、水面に映る自らの姿にとらわれて、そのまま湖に咲く水仙に変えられてしまう若者である。ギリシャ神話にはいくつかヴァージョンがあるが、ナルキッソスは若さと美しさを兼ね備えていた美少年で思い上がりが強くて傍若無人なところがある。

あるときナルキッソスは愛の神アプロディーテーの贈り物を侮辱してしまう。アプロディーテーは彼の無礼に怒り、ナルキッソスを愛される相手に所有させることを拒むような呪いをかける。つまり愛されても、彼を愛した人は自分のものにできない。ギリシャの神々はきわめて人間的な感情で動くので、誰からも愛されていた彼の態度は傲慢で鼻についたのだろう。この呪いは、いろいろなところに不幸を巻き起こす。例えば彼を愛していた男性（同性愛はギリシャにおいては高貴な文化の一つであった）が、彼との関係を持てないと知って、自殺してしまう。同様に森の妖精の一人だったエーコーは神々に歌やおしゃべりで楽しませる存在だったが、嫉妬深いゼウスの妻ヘラによって口がきけない、他人の言葉を繰り返すだけの存在にされてしまうのだが、そのエーコーはナルキッソスに恋をして、いつもナルキッソスの言葉を繰り返し続けるが、傲慢なナルキッソスは「退屈だ」としてエーコーを切り捨ててしまう。あまりの悲しみにエーコーは森に姿を消して、声だけが残った。それが木霊の起源だという。その顚末を見ていた生成の神ネメシスは、そうした傲慢なナルキッソスを神への冒瀆と見なし、今度は他人を愛せないだけでなく、ひたすら自分だけを愛するようにしてしまうのである。そしてある日ナルキッソスが湖畔で水面を見ると、そのなかに美少年を発見するのだ。もちろんそれはナルキッソス本人で、愛の対象を自分にしか見られないナルキッソスはひと目で恋に落ちる。そして水のなかの美少年から目を離すことができなくなって、やせ細って死んでしまう。そしてナルキッソスが死んだ後そこには水仙の花が咲いていたので、ギリシャ神話の伝承からスイセンのことを欧米では「ナルシス」と呼ぶことになったと言われている。[*7]

この神話のなかでナルキッソスは二段階で呪術的な拘束を受ける結果になっている。つまり二段階の退行がそこに含まれているのだ。ひとつは女性を侮辱したために、愛される対象が彼を所有できない、愛し愛されるべき対象との関係性を拘束されてしまう（セックスをできなくしたということになるか）。そして切実に人の言葉を繰り返す妖精を無碍にしたために、自分だけしか愛せないという、自己と自身の身体像との間の拘束である。これは外の対象との関係性をなくしたということだ。もともと持っていたものを失っていき、最後には動物ですらなくなって植物化してしまうという筋だが、フロイトはこれを逆転させて、人の発達のもっとも原始的な部分にはこのナルシス的な倒錯があると考え始める。人はみな自体愛の状態から「何らかの対象の代わりに自身の身体ないし人物そのものにリビドーがこのように固着することがある」。そして「どうやらこのナルシシズムのほうこそが、むしろ普遍的かつ根源的な状態」だというのだ。[*8] そして人が発達していっても、最初にあるのは自体愛であり、その痕跡が人の心に残るというのだ。[*9] フロイトは言う。

ほとんど分化されていない一つの原形質小塊からできているごく単純な生き物を想定していただきたいと思います。それは偽足と呼ばれる突起のなかへ身体物質を流し込んで、それを外へ伸ばします。が、またこの突起を引っ込めて、丸まってもとの小塊に戻ることもできます。突起を外へ伸ばすことは、外部の対象へリビドーを発出させることに相応しておりますし、他方また、リビドーの主要量が自我に残ることも可能なのです。つまり、私たちの仮定によりますと、正常な事態においては、自我リビドーは妨げられることなく対象リビドーに転換されうるし、対象リビドーは再び自我へと受け入れられうる、ということなのです。[*10]

これが比喩ならば、かなりわかりにくいし、もし生物学的なことを言おうとしているのならば、これに反する多くの現象も指摘できるだろう。しかし興味深いのは、この引用に続くところで、ナルシシズムの典型的な状態として睡眠を挙げ、睡眠は私たちが日常的に行っているナルシシズムへの退行だと述べる。[*11] この説明はなるほどと思わせる。生き物としての私たちにとって睡眠が必要なのは、つねに対象との関係を続けていると、脳が膨大な情報に対処しきれなくなるから、一時的に情報遮断して、それを整理する必要があるからであり、ナルシシズムにもそういった機能があると言っている。[*12] そして夢は、その整理のプロセスだと考えるなら、私たちは毎日の眠りのなかで「ナルシス」と「内的な願望対象」との双方に出合っている。[*13]

夢はナルシシズムという子宮のなかから生まれる赤ん坊なのである。

ナルシシズム研究の二派

フロイト以後、ナルシシズムの精神分析的研究は二つの方向に分かれている。

病理的な方向としては、精神病的な状態を説明するために、精神病の中核に万能的な自己愛を発見する方向（例えばローゼンフェルドなど）に向かった。それは自分の世界を万能的に魔術的に支配することで成り立っている引きこもりの世界で、死んで植物状態になっていったナルキッソスの世界を探求していく研究方向であった。[*14]

もう一つの方向は自己愛そのものの探求であり、そこではナルシシズムにおける特殊な転移が生み出されることを研究するという方向に向かった。その転移とは自分を瓜二つだと感じる双子転移や相手を絶対的理想的存在と見なす理想化転移といったものであり、それらを研究したハインツ・コフートは、この自己愛の領域を人間の精神の本質的な要素だと見なした。そしてコフートはその領域が生涯を通じて発展し続けると考えるようになった。[*15]

前者の病理学的方向を拡張して「妄想分裂ポジション」という概念を作り出したのは、メラニー・クラインとその学派であり、後者における自己という概念を幅広い転移概念の基盤に置いたのはコフート以後の「自己心理学」という領域である。病理的な自己愛を発展させたクライン学派は、英国の精神分析の発展とともに、国際的に高い評価を受けている。一方、自己承認や自己肯定などの形で自己愛が生涯を通じて育つ必要がある領域だと考えた自己心理学の発想は、現代のアメリカの精神分析に大きな影響力を持っている。[*16] フロイトの延長にナルシシズムの精神病理を探求し続けたのがクライン学派で、ナルシシズムの臨床における転移の可能性を模索したのがコフート学派だと考え、ナルシシズムに対応する精神分析の世界をグローバルな視点に置けば、この二つは両輪のようなものだと見なすことができる。

2 「デカルトの自我」と「フロイトの自我」

躁鬱病と統合失調症

フロイトは一九二〇年代に若くして亡くなってしまう弟子のカール・アブラハムという精神分析家の理論的解明を手助けにしながら、ナルシスへの退行という概念を用いてナルシス的精神障害（自己愛神経症）の定式化を行った。それは、躁鬱病（メランコリー）と、統合失調症を説明する基本的な概念になり、フロイトの念願でもあった、ナルシス概念を用いた精神障害全般の整理がここに完成することになったのだ。

まずメランコリー、すなわち「鬱病」について考えよう。普通、私たちは、特定の人物にリビドーを拘束している。日常的な言い方をすれば、特定の人物に対して愛情や、性的なエネルギーの拘りを強く結びつけているということだ。そして、その人物が死んだり、別れを言い出されたりすれば、普通はそこから自分を引き離して新たな対象に遷移（置き換えを）することで、そのリビドーを他の対象へ向き直そうとするだろう。しかし行き先を失ったリビドーが外に向かわずに、自我のなかに撤収してしまう、つまりナルシス的な退行が生じると、どうなるか。

幼児期の子どもは、親の態度や姿を自分のなかに取り入れて、それを自我の一部とする。自分が大切な対象だと思っている人に影響を受けて、その一部を自分に取り入れるような親密な関係性の持ち方をフロイトは「同一化」という言葉で表した。その対象は、幼児期には親、児童期には先生や先輩という場合もあるだろう。それは自我のなかの主幹のようなものであり、柱のような役割を果たしている。それがなくなるとどうなるか。フロイトは言う。

自由になったリビドーは他の対象へと遷移（転移）させられず、自我のうちに撤退させられた。しかしリビドーはそこで任意の使用に供されたのではなく、断念された対象への自我の同一化を打ち立てるために使われた。そのため対象の影が自我の上に落ちて、自我はいまや、あたかも一つの対象のように、見捨てられた対象のように、ある特別な審級から判定することができるものになった。以上のような仕方で対象喪失は自我喪失へと転換され、自我と愛された人物との間の葛藤は、自我批判と同一化によって変容された自我との間の内的葛藤へと転換された。*17

多少難しい表現だが、自我のなかの柱のようなものが亡くなると、リビドーを別の対象へと向けることができずに、自己の中に撤退して、柱がない状態を受け入れる。つまり対象の捜索を断念することになる。そうすると自我そのものが失われてしまうということだ。これが鬱病だ。

自我の中の対象喪失を修復するためのものとして、喪の作業がある。どの文化でも、古来親族が死ぬと喪中に入る。喪の作業とは、その期間に自分のなかの失われた柱のような対象を修復するための心の作業のことである。では鬱病が、喪の作業と違うのはどんな点だろう。

喪の作業というのは、自分の失った対象への感情を自分のなかで処理して、時間をかけて対象との距離を定めていくことだ。しかし鬱病の場合には、それがナルシス的な退行を伴うために、対象の喪失、その痛みだけに留まらず、自我喪失も生み出す。対象を失うことが、同時に自分のなかに穴があいた状態になり、それが埋まらない状態を作ってしまうということだ。その結果、ナルシス的な退行は、自我のなかでの葛藤として体験されて、いなくなった対象を責めることが、自分を責めることになってしまって、鬱状態になる。躁状態の場合は、こんな耐え難い状況のなかで、架空に想定された万能的世界で対象と一体感を持ち続けることができることによって生じる。

他方では失ったことへの非難、見捨てられたことへの怒り、つまりその対象への非難が自我への非難となるために、自責の念から鬱状態に陥る。一方では、対象との万能感から躁状態が生まれる。いずれにしても独り相撲なのだ。ナルシシズムの世界で、自分を責めたり万能的に一体感を感じられる対象を作り出したりしても、それは何ら現実へと向かうハードルを越えようとせず、自我は失った対象の影の下に留まり続けるのである。そして鬱状態は続く。こうしてフロイトはナルシス的退行という概念によって、鬱病や躁鬱病が説明できるようになった。

ではもうひとつの精神病、統合失調症はどうだろうか。統合失調症とは、精神医学で思考障害と見なされる、妄想や幻覚といった症状を伴う精神障害だが、この統合失調症になりやすい人は、そもそもナルシス的な退行を起こしやすい素因を持っている人だとフロイトは言う。[*18] そのため思春期において恋着の関係に陥る対象選択をするという段階に進めずに、あるいは鬱状態に陥ってしまって自我そのものが混乱してしまう。その結果、ナルシス的な退行を起こして閉じこもってしまう。実際、鬱病が統合失調症の引き金になる事例は多い。[*19]

ナルシシズムと対象喪失

一九〇五年に「性理論のための三篇」を書いたころ、フロイトの考えていた心の発達は、口唇期、肛門期、男根期、エディプス期、潜伏期、思春期、青年期、成人期、老人期といった性と心理の段階発達モデルだけだったが、そこに自体愛、自己愛、対象愛、同性愛、異性愛といった愛情の対象選択につながる要素を加えて、幅広いモデルを構築することができるようになった。

フロイトは、さらに包括的な神経症論全体を完成させるために、一九一四年の「ナルシシズムの導入」において、自体愛の次の段階に、ナルシシズムという発想を取り込んだ。しかし、この段階ではフロイト理論のなかで自我と対象関係とは明確に分かれていない。フロイトが自我と対象関係を明確に分けて対象との自己愛的な同一化を論じて考え始めるのは、一九一六年の「喪とメランコリー」で自己愛神経症に関する鬱についての論考を発表したときであり、そこでは対象喪失が重要なキーになる。ただこれはまだ理論的なものに留まっていた。だが「喪とメランコリー」と同時に、メタ心理学論考が書かれた時期、つまり第一次世界大戦の間に書かれた一連のメタ心理学論考[*20]では明らかに自我の理論は、明確に組み立てられている。そして一九一七年の『入門』で「自我心理学」という概念が登場する。

おそらく背景には、戦争体験があったのだろう。[*21] 戦争では膨大な人命が失われるからである。対象喪失をフロイトが正面から取り上げたのは、メタ心理学論考のひとつ「喪とメランコリー」においてであったが、そこでは普通の喪の反応とメランコリーの違いを描いている。普通の喪は一年ほどで修復されるが、メランコリーは、対象喪失がナルシス的退行を引き起こして自我のなかの自己愛的な部分を傷つけた形になってしまう。フロイトが強迫神経症と並行して「鬱」のメカニズムに関して述べている箇所を引用しよう。

鬱のきっかけとなるのは、死による喪失という分かりやすい出来事だけではない。侮辱されたり、無視されたり、失望を味わうなど、愛と憎しみという対立が忍び込んだり、すでに存在していたアンビヴァレンツが強められるようなあらゆる状況がきっかけとなりうる…愛する対象そのものは放棄されたのに対象への愛だけは放棄できないと、その人はナルシシズム的な同一化へと逃げ込む。そして愛する相手の代わりに自我を備給の対象とするが、その対象に憎悪が働くようになる。そして自我を罵倒し、侮辱し、苦しめることで、サディズム的な満足が得られるのである。[*22]

ここでは愛と憎しみが両立する形で成立している。親や親族、あるいは恋人といった「愛する対象」が失われても「対象への愛」だけが残る場合、その愛は反転して自分だけを愛する状態になる。そうすると失われた対象に憎しみだけが残り、その対象は自分にサディズム的な攻撃を始める。これが鬱の自責感の説明としてもっとも説得力があるものだ。

そして、ここですべての神経症の形は、対象との関係性がどのように構築されているのか、そしてもし対象が喪失した場合に、どのようにその空白を自己のなかに回収するか、という二点に注目することで説明できることに気がつかないだろうか。

自我と対象の関係と神経症

ナルシシズムが生涯にわたって、長く影響をもたらすような力動であることは、その後の恋人や配偶者の選択にも影響していることからわかる。フロイトは「ナルシシズムへの導入」のなかで、子どもたちが思春期になると、対象との関係に、大きく分けて二つの型を持つようになると言っている。[*23] ひとつは自己愛的な関係、もうひとつが依託的な関係である。恋愛のとき恋人をどのように選び、どのように行動するか、そんなことを思い出しながら考えていただきたいのだが、私たちは自分に似た恋人を選んだり、自分中心の考え方で恋愛を進めたりしていく場合があれば、相手に意思決定をゆだねて、相手の言うことに合わせて付き合っていく場合がある。対象選択と言っても、積極的に自分の思い通りに対象を決める人もいれば、相手が望むように自分を受身的に変えていく人もいるだろう。確かに前者は能動的なので肛門期の言葉に代えるならサド的で、後者は受身的なのでマゾ的だと言い換えることもできるかもしれない。実際の性生活がそれだけで決まるわけではないが、こうした方向性が人と人との付き合い方、つまり対象選択を決めるというフロイトの発想は卓見である。つまり自己愛は、自我と対象との関係の基本的なモデルに組み込まれていくのである。[*24]

フロイトは、神経症には発生原因に基づき、「外傷性神経症」、つまり戦争神経症などの外的な出来事によるトラウマによって生じる神経症と、現実の環境因子、主に性的な欲求不満から生じる「現実神経症」と、さらに発生論や過去の発達の経過で生じる「精神神経症」、そして生物学的な要因が強く、自我あるいは自体愛に向かって、外に向かわなくなる「自己愛神経症」（あるいは神経質、精神障害）の四つがあるとした。

ここで、それぞれに付随する症状を分類するために、「リビドーの鬱積」と「症状を生み出す葛藤の場」という二つを導入してみたい。神経症の症状を、葛藤の場として考えるなら、それは発散の方法がどこで行われるかという視点が重要になる。

リビドーの鬱積という視点から見れば、対象の側に鬱積するのが、外傷神経症や現実神経症であり、自我の側に鬱積するのが、精神神経症や自己愛神経症だと言える。フロイトは神経症というものを、対象リビドーと自我リビドーという、リビドーの鬱積の二つの方向性から、異なるタイプの疾病として分けている。

さらに葛藤の場という視点から見て参考になるのはリビドー類型論である。一九三一年にフロイトは自我と対象との関係の持ち方に三つのリビドーの方向性があるとまとめている。その三つとはエロス型、強迫型、ナルシス型である。エロス型は、リビドーは対象（外の存在）に向かっていく、強迫型は自己（内側）に向かっていく、そしてナルシス型は自分の身体に向かっていく型である。この三つのパターンはリビドー（つまり自我の貯留）が向かう回路を、外、自己、身体という三つに整理したものと言えるだろう。だとすれば、葛藤の現れる場も三つあることになる。

左は、代表的案四つの神経症群と、それぞれから派生する具体的な症状と今述べた三つの場との関係性を私なりに整理した表である（従来のドイツ精神医学では神経症と精神病を分けるので、精神病を含む自己愛神経症は、神経質という言い方のほうが正しいのかもしれない）。

現実神経症は具体的な症状としては、不安神経症、神経衰弱、そして心気症を持っている。不安神経症は動悸や不安発作など、過呼吸やパニック発作に近い。神経衰弱は過剰に疲弊してしまう状態である。そして心気症は最後にフロイトが付け加えたのだが、自分の身体が気になって、外に目が向かない状態である。それぞれ外、内、身体という葛藤の場の三つの領域を反映しているのがわかるだろう。

精神神経症は不安ヒステリー（恐怖症）、強迫神経症、そして（転換）ヒステリーを症状として持っている。フロイトが挙げる症例事例として、少年ハンス、症例ねずみ男、そして症例ドラ、これ

群	原因	症状		
		対象の場(外)	自己の場(内)	身体の場
外傷神経症	トラウマ	外傷性神経症		
現実神経症	性的生活	不安神経症	神経衰弱	心気症
精神神経症	発生論と転移	不安ヒステリー(恐怖症)	強迫神経症	(転換)ヒステリー
自己愛神経症(神経質)	ナルシシズム	メランコリー	統合失調症(パラフレニー)	心気症

[表1] 自我と対象との関係から見た精神障害の分類

に加えて症例狼男(シュレーバーは症例に入れることもあるが、手記から再構成した事例である)があるが、それぞれハンスは(馬)恐怖症、ねずみ男は強迫神経症、そして症例ドラはヒステリーである。これらの症状を葛藤の三つの場で考えると、不安ヒステリーは外部の対象へ恐怖の対象を投影してしまうこと。強迫神経症は自分自身の周辺の不確かさへの不安が強くなって、洗浄儀式や強迫行為などを自分に向かって繰り返してしまう症状だ。転換ヒステリーは自分の身体によって不安を表現するものだ。

注目したいのは、身体の場に入っている心気症が現実神経症にも、自己愛神経症にも共通して入っていることだ。心気症的な不安、つまり自分の身体のことばかり気にする症状は、神経症において広範囲に見られるが、フロイトによれば、身体の病として考えられる心気症的不安の起源は、発生原因(四つの横軸)によるのではなく、実は自我のリビドー発散の方向性(三つの縦軸)にあるということになる。

エネルギー論的な説明だが、実は、ここに自我が生み出される根拠のようなものが書かれている。『入門』の精神障害の文脈で言えば、ようやく「自我」がここで登場してくるのだ。つまり、フロイトは、ナルシシズムの探求の過程で、「自我」のあり方を明確に定義できるようになった。もともと、デカルト主義者であったフロイトにとって、自我は安定的なものとして考えられていたわけだが、このナルシシズム探求の過程で、自我というものが対象との関係におけるリビドーの発散に左右される極めて不安定な存在である、ということを発見したのだ。それはさまざまな神経症の危険性を孕んでいる。それは、「デカルトの自我」ではなく、「フロイトの自我」といえる。そして、その「フロイトの自我」というものは、大切なものであると同時に、やっかいなものなのだ。フロイトは述べる。

　強いエゴイズムによって人は発症から身を守る。だがついには、人は病に陥らないために愛することをはじめねばならず、相手からの拒絶のために愛することが出来なくなると病に陥らねばならない。*25

そして、彼は次の詩人ハイネの次の言葉を引用している。

　病こそがおそらくは
　創造に向かう全衝迫の究極の根拠だった
　創造しつつ私は治癒することができ

創造しつつ私は健康になった[26]

狂気は正気と連続している

フロイトの精神病理学を考えたとき、精神神経症を説明することができる「転移神経症」というものによって、過去の人間関係が現在の人間関係に再現される心の病を中核にすえたことが治療的にはもっとも画期的なことだろう。この転移という、解決できていない過去を治療において繰り返すそのことによって、人の創造性は対象への愛、外に向かう回路、対象関係を通して解放され実現されるのである。[27]

治療で使われる寝椅子というものは、精神分析の小部屋として、人が創造性へと向かうためにナルシシス的退行を引き起こす足場であり、そこから対象への愛に向かうための踏み台なのである。転移はその媒介になる。

フロイトはヒステリーの医療から精神分析を着想した。精神分析は生理学者、神経学者だったフロイトが精神病理と出合うことで、身体と精神の間の領域を橋渡しするひとつの機会だったと考えることができる。だからこそ転移神経症のなかでもヒステリーを中核にすえると、精神病理の全体像が見えてくるようになっている。つまりフロイトは、当時の精神医学が「精神病を中心として精神障害を診断し」いかに病院に収容するかという問題と取り組んでいたのに対して、伝統的な精神医学とは全く別に「神経症論を中核にして精神障害を組み立てた」人物なのである。

このフロイトの発想は、精神医学の世界から見れば、かなり異端なものだった。精神医学はその誕生から正常と異常との境界線を引くために努力を傾けてきた学問であり、その治療のために、隔離だけでなく、脳の直接的な介入（ロボトミーが有名だが）から脳科学的な神経学モデルまで、発展してきた。だがフロイトは神経症という病気を中心に、自我と対象、内向と外向といったエネルギー論と人の発達理論、つまり固着と退行の理論を使って、すべての精神障害が説明できると考えるようになった。そして実際、こうした神経症を中核とした理解は精神と身体、自我と対象、健康と病理の間が連続しているという発想としてまとめることができ、通称「連続体仮説」と呼ばれ、その後の精神医学や精神医療にも大きな影響を残した。例えば、精神病者の治療において、反精神医学運動が病者開放運動として広がったが、その運動の中心にいたレインなどは、精神分析の持っている連続体仮説に大きな影響を受けていた。狂気は正気と連続しているとはじめて考えたのは、フロイトであり、その後の精神分析の世界では、精神病をさらに発達のなかに位置づけるモデルが組み立てられていったのである。

生物的存在としての自我と社会的存在としての自我、そして正気と狂気、それらは連続している。「フロイトの自我」は、狂気に陥りやすい私たちの新しい自我の姿を描写することができるようになった。この自我心理学の全体像は、一九二三年の「自我とエス」で描かれることになった。

＊1　ジークムント・フロイト、「戦争と死についての時評」、『フロイト全集　第一四巻』、一六五ページ
＊2　「戦争と死についての時評」、『フロイト全集　第一四巻』、一四三ページ
＊3　「戦争と死についての時評」、『フロイト全集　第一四巻』、一四一ページ
＊4　「戦争と死についての時評」、『フロイト全集　第一四巻』、一四二ページ
＊5　「戦争と死についての時評」、『フロイト全集　第一四巻』、一六四ページ
＊6　「戦争と死についての時評」、『フロイト全集　第一四巻』、一六五ページ
＊7　高津春繁『ギリシャ・ローマ神話辞典』を参照。
＊8　ジークムント・フロイト、「精神分析入門講義」、『フロイト全集　第一五巻』、四九八ページ
＊9　「精神分析入門講義」、『フロイト全集　第一五巻』、四九九ページ
＊10　「精神分析入門講義」、『フロイト全集　第一五巻』、五〇〇ページ
＊11　「精神分析入門講義」、『フロイト全集　第一五巻』、五〇一ページ
＊12　「精神分析入門講義」、『フロイト全集　第一五巻』、五〇五ページ
＊13　シュールリアリズムの画家サルヴァドール・ダリはフロイトの影響を受け、面会まで求めている。フロイトはこの若者にあまり関心を向けなかったが、夢はダリたちシュールリアリズムの基本的な技法になった。興味深いのは、ダリの画像のなかには、変形されたダリ自身がつねに登場するということ。それは彼が「現代のナルシス（ナルキッソス）」を描き続けた画家だと言い換えることができる。
＊14　Rosenfeld, Herbert A., *Psychotic States: A Psychoanalytical Approach*を参照。彼の仕事でもうひとつ重要なのは、自己愛には「薄皮」と「厚皮」のタイプがあり、前者は傷つきやすい、後者は無関心という特徴を持つことだろう。自己愛パーソナリティ障害については、しばしば「過敏型」と「無関心型」の二つを分ける。おそらく自己愛の二つの局面を指している。
＊15　ハインツ・コフート『自己の修復』を参照。
＊16　現代の精神医学の診断基準としてＤＳＭ（Diagnostic and Statistical Manual of Mental Disorders、精神障害の診断と統計マニュアル）が使われるが、そのなかではナルシシズムという言葉は、自己心理学の米国内での影響もあって、パーソナリティ障害の一類型として、その名前が残されている。「自己愛パーソナリティ障害」という障害の特徴は自分のことしか考えない、自己中心的な人格を

記述するために使われているが、パーソナリティ障害なので、なかなか変化しない難しい病だと精神医学者たちは考えるようになっている。もう一度確認するべきことだろうが、ナルシシズムは病名ではなく、人のあり方、特に自我リビドーを表現する延長に、自我や自己の固有のあり方を論じるためにフロイトが使い始めた力動の言葉なのである。

*17 ジークムント・フロイト、「喪とメランコリー」、『フロイト全集　第一四巻』、二八六ページ

*18 「精神分析入門講義」、『フロイト全集　第一五巻』、二五講・編注、六一八頁

*19 フロイトが精神病の発症のプロセスを明確にしたのは、シュレーバーという、日本で言えば最高裁判所の議長にまでなった人の手記からであった。その手記は自分自身の病気の体験を書いたもので、それをもとにフロイトは論文「自伝的に記述されたパラノイアの一症例に関する精神分析的考察」を書いた。シュレーバーは最初の混乱のときに、主治医に同性愛感情を転移して回復するが、その同性愛は彼の認めることのできないものであったために、その後再び混乱して、ナルシス的な退行を起こした。この内的な記述はなかなか見事なもので、シュールリアリストたちは、このテキストを自分たちの芸術運動に寄与する重要な文献だと見なしていたほどである。フロイトはパラノイア患者であったと考えるシュレーバーの分析で、「われわれが疾患の産物と見なすもの、すなわち妄想形成は実際には回復の試みであり、再構築なのである」と述べている。(「自伝的に記述されたパラノイアの一症例に関する精神分析的考察」、『フロイト全集　第一一巻』、一七五ページ)。

*20 フロイトは、第一次世界大戦の間、患者が来なくなったので、時間ができて「メタ心理学論考」を一二編も書いたが、そのうちの七冊を燃やしてしまった。その燃やした論文のなかには「意識」などの論考があったと言われている。

*21 年齢的に、フロイトは戦争に行ったわけではないが、当時のドイツ人は多大な影響を受けていた。彼の息子たちは戦争に行き、娘ゾフィは戦争中に亡くなった。ドイツの戦争は、もともとシュリーフェン計画を実践しようとして失敗したものだが、ドイツ周辺国の国民全体に多大な負担をもたらし失敗した経緯については、バーバラ・ワートハイム・タックマン『八月の砲声』に詳しい。フロイトにとっての戦争については**Fry, Helen, *Freud's War***を参照。

*22 ジークムント・フロイト、「自我とエス」、『フロイト全集　第一八巻』、二三六ページ

*23 ジークムント・フロイト「ナルシシズムの導入に向けて」

＊24 『フロイト全集　第一三巻』を参照。この点に関して、初期のフロイトは自己保存欲動と性欲動とを分けて、前者は関心、後者に自我リビドーと対象リビドーとを振り分けていた。それが自己愛の導入によって、自我と対象との二極に別れて、外に向かう対象の方向と内側に向かう自我の方向に分けて、フロイトは考えるようになった（これはユングの「内向」概念の影響ではないかと考えられる）。さらに欲動論を生の本能衝動と死の本能衝動に分けることで、より複雑な理論構成になった。だが日常生活のレヴェルでは、対象に向かう方向と自我に向かうナルシシズム、あるいは自体愛の場合には身体に向かう方向があるという確認だけで良いように私は思う。

＊25 「ナルシシズムの導入に向けて」、『フロイト全集　第一三巻』、一三一ページ

＊26 「ナルシシズムの導入に向けて」、『フロイト全集　第一三巻』、一三二ページ

＊27 フロイトの精神病理学、さらにリビドー発達論は、ナルシシズム論で大まかな完成を見た。まず精神病理学から考えるなら、外傷性神経症は生後に体験したトラウマを契機として生じる身体的な反応が中核で、さまざまな神経症に発展する可能性を持つ入り口である。フロイトは戦争が生み出した神経症的な反応を、トラウマの結果だとはわかっていた。ただ神経症の中核は、彼がこれまでに発見してきた精神神経症の人たちであり、現実神経症の人たちではないという意見は変えなかった。彼の理論のなかに乖離がないのは、一つは彼の自我が明晰な意識を前提にしていたからだが、同時に外傷性神経症をあらゆる神経症の入り口にはなるが、むしろそれが精神神経症へ遷移するかどうかが重要だと考えていたからであろう。現実神経症に対して精神分析ができることは少ないと考えていたが、現代の精神分析では現実的な要因をどう取り扱うかは、分析家にゆだねられている側面があり、これをあえてマネージメントと呼ぶこともある。実際、精神神経症は患者が過去に戻ってしまうやっかいな退行現象であり、治療のなかでは転移を通して発見できる。そして転移が今ここで起きたときこそ、精神分析がもっとも力を発揮するので、転移は精神分析にとって中核を占めるようになった。

第5章

我執：寄る辺なき時代の「自我とエス」

フロイトは、ナルシシズム論を通して、
「自我」がさまざまな神経症のリスクに晒されていることを明確にしていった。
そのナルシシズムによる不安定性の肥大の極限事例として、
本章では、まずヒトラーを取り上げる。そして、
ヒトラーの抱いていた大衆観と、フロイトのそれとの近似性を検討しながら、
現代社会における「自我」の危うい立ち位置を浮き彫りにしていく。
そこでは、「自我は不安の宿る本来の場である」という
フロイトの言葉が警鐘を鳴らしている。

『入門』は、神経症論の素描を完成させ、あらゆる精神障害を説明できるようになり、最後の第二八講「精神分析療法」で転移を用いた治療についての考えが示されている。神経症を中心に心の病理モデルを完成させたフロイトの理論は、一九二一年の「集団心理学と自我分析」で集団論へと適用され、徐々に精神分析は単なる病理理論から思想を左右する心のモデルとなっていった。そしてその後の彼の自我論は、一九二三年の「自我とエス」で新しいモデルへと結実する。本章では、フロイト的な自我のモデルが描かれる経緯とその姿を述べていくことにしよう。

1　ヒトラーの登場と大衆の出現

ヒトラーの生涯

さて、前章で述べたナルシシズム探求の過程で、フロイトが発見した「フロイト的自我」というものの不安定性が極限まで肥大したものとして、本節で取り上げたいのがアドルフ・ヒトラーだ。彼が自己愛パーソナリティ障害だと言うつもりはないが（そういう説もあるが）、彼の「ナルシシズム」が前面に出てきたことに戦争体験が大きく影響していたことは間違いないだろう。

ヒトラーが心気症的で、つねに自分の身体のことを気にしていたというのは有名な話で、晩年は薬の飲みすぎを心配されていたほどだった。おそらく精神医学的な診断は、ヒステリー、特に心身症的な症状を持っていたということになるだろう。また亡くなる前にはパーキンソン症状に似た痙攣を持っていたことも確かなので、何らかの器質的な問題を持っていた可能性もある。そしてヒトラーという人格を語るなら「ナルシス」としか言いようがない傍若無人さを持っていることは読者の多くがご存知のことだろう。[*1]

アドルフ・ヒトラーは一八八九年四月二〇日、オーストリアのドイツ・ババリア地方との国境付近の小さな村に生まれる。父親アロイスはこの家系では成功した人物で、オーストリア・ハプスブルク帝国大蔵省の職について税関に勤めるようになった。当初母親の姓であるシックルグルーバーを名のっていたが、アイロス三九歳のときに父親の姓ヒトラー（Hiedler）を名のるようになった。父親の女性関係はやや複雑で、おそらく年配の女性と金銭的な理由で入籍して別居、まもなく若い女性フランツィスカと不倫関係（不倫が先で別居が後という理解が正しいのだろう）になり、フランツィスカとは二人の男女の子をもうけているが、この妻はすぐに結核で亡くなって、前妻が亡くなるとすぐに三番目の妻として従妹であるクララと結婚している。どうも父親の性的な欲望は強いものであったのだろう。フレンツィスカとの間の女の子がアンゲラで、その娘がヒトラーの歴史のなかでは有名なゲリである。アイロスとクララは六人の子どもを産むのだが、全員すぐに小さいときに亡くなって、四人目の子どもであるアドルフは五二歳のときに生まれた子で唯一生き残った男子であった。もうひとり一番下のパウラという女の子が戦後まで生き延びているが、その実像はあまりわかっていない。ただアドルフが大人になったとき、自分の従妹にあたるゲリと恋愛関係になったことは、彼が父親を一方的に否定していたわけではなく、むしろ父親と同一化していたことがわかる。もちろんゲリに対して支配的で拘束したために、不幸なゲリは自殺してしまうので、ヒトラーに内在化した父親もやはり支配的だったのかもしれないが。その意味で父親は権威的で、家父長的だったが、母は生き残りであるアドルフを溺愛していたと言われている。権威的な父親はすでに老年であった。この生育歴はフロイトに似ているが、母子の密着状態を前提にして、やがて、父は引退して年金生活を開始する。ヒトラーの幼年期は、フロイト同様に、エディプス・コンプレックス、あるいは英雄神話に彩られていた可能性がある（若い母親がフロイトのことを「英雄」と喩えて溺愛したように）。修道院の学校に通うようになって、その校長に憧れて、牧師になりたいと思ったのもそのためだろう。後に歴史的な転回点でヒトラーは、先の大戦の英雄ヒンデンブルクを蔑ろにする形で全権を奪取するが、この奪取の方法は明らかに老いた父親の権威を利用して、父親殺しを行うという形になっている。つまりヒトラーの幼少期、つまり家庭の中で育った対象関係は、彼を溺愛する母親とあまりに父権的で頑固な父親への尊敬との間にあって、彼は劣等感を持った達成感の低い抑圧的な傾向を持ったアンダーアチーバー（実力以下の達成しかできない学習者のこと）になった。つまり彼は落ちこぼれであった。

ヒトラーの唯一の才能は描画で、芸術家として成功することを夢見るようになり、古典学校に進学を希望したが、父は官吏の道を強要し、結局一九〇〇年一一歳のときリンツの技術（実科）学校に進学することになる。数学や語学が不得意だったので一年のときに落第した。ここでも彼は父親から見た落第生だった。このころからドイツ・ナショナリズムに目覚めてワーグナーのオペラに心酔し始めている。彼は空想の上では「英雄」を切望していたのだろう。だが決定的な出来事は父親と母親の死であった。一三歳のとき父親は死亡、すでに異母兄は父親と対立して家を出ていたので、一家の長男として遺産を相続したが、そのお金は成長するまで異母姉の管理することになった。芸術家志望のヒトラーは、結局一五歳のとき別の中等学校に転校した。ここでも数学や外国語などには全くやる気を示さなかったため学校は結局卒業できず、一七歳で退校した。数年間オペラ鑑賞、読書や絵画などをしてぶらぶらしながら過ごし、ウィーンに出かけ絵画や建築に魅せられ、美術への情熱を一層強くし、一八歳のときウィーン美術学校への入学試験を受けるが、これまた不合格になってしまった。こうした不適応を繰り返していくうちに、母親クララのガンがわかり、術後も容態が良くならず一時ウィーンを去って、懸命に看病に励んだが、すでに手遅れでその年のクリスマスを待たずに死亡してしまう。おそらく溺愛されたヒトラーは深く悲しんだことだろう。彼には異母兄、異母姉、そして妹だけが親族として残った。絵が好きだった母親の遺言のようなものだったのだろうが、翌年（一九〇八年）再び美術学校を目指し、友人のとともにウィーンで気ままに暮らすが、二度目の試験も不合格。友人のほうは希望の学校に合格すると、ヒトラーは自分の劣等感から友人と距離を置き、定職にもつかず浮浪者生活に入って、不適応を深める。一九〇九年の一二月にはホームレスの避難所に住むようになる。一九一〇年の二月には貧者のための家に住み、そこで数年を過ごしながら、ときには肉体労働で日銭を稼ぐという生活をしていた。また、ポストカードからウィーンの名所の風景を模写して売ったり、店の窓のポスターをペイントしたりしていた（こうしたヒトラーの作品は、同居人のハニッシュを通じて販売されたが、ハニッシュは後にヒトラーのことをマスコミに語ったため一九三八年に暗殺されている）。

この時代の不適応状態については、それほど明確な臨床像を描けるわけではないが、彼が別の成功を目指して、読書に熱中し、ドイツの歴史や神話、ニーチェ、ヘーゲル、フィヒテなどを図書館から借りて読むようになったことは確かなようであり、新聞や雑誌の政治欄や政治関係のパンフレットにも深い興味を示すうちに政治への関心が高まり、当時のウィーン市長で反ユダヤ・アラブ主義者のカール・ルーガーを崇拝するようになったと言われている。これは父親的な理想を求める彼の姿だろうが、同時に、彼は徴兵を逃れ続けてもいる。例えば、彼は二四歳のとき、オーストリア帝国の徴兵を忌避してミュンヘンに逃亡したが、官憲の追跡で翌年一九一四年に見つかってしまう。そのため、オーストリア領事に自らの惨めな生活を説く手紙を出し、徴兵の恩赦を請うている。その結果医療検査で不適格になるよう配慮してもらい徴兵を免れたという。こうした試行錯誤のなかで、彼に転機が訪れる。それが第一次世界大戦である。ミュンヘンでの宣戦布告を祝う大集会において、熱狂する群衆に混じって、彼自身何かにつかれたようになって、その二日後、ヒトラーはドイツ軍に志願し入隊するのだ。

第一次大戦のヒトラーは、ひどい環境の塹壕のなかで文句一つ言わずに戦いに明け暮れていた。二年後の一九一六年一〇月にソンムにおいて足に砲弾の破片を受けて前線からはずされるが、ミュンヘンでの任務中、市民から湧き上がる反戦感情に接し、彼はユダヤ人の陰謀がドイツの戦争遂行の足を引っぱっていると思い込むようになったという。ちなみに、戦争をユダヤ人や共産主義者のせいだと考えた人たちは、当時のドイツ人の多くが共有していた感情であった。

ヒトラーはミュンヘンの市民感情に嫌気がさし、一九一七年三月には前線に志願して戻っている。一九一八年八月には第一等鉄十字勲章を授けられる。これは歩兵にとっては異例のことである。この勲章を授けることを推薦したのが、なぜかユダヤ人の中佐であったが、後にヒトラーはこのことを黙殺している。前線での戦いが長引くにつれ、ヒトラーは鬱状態と躁状態を繰り返していた。やがて、ドイツ人を呪っているのはユダヤ人と共産主義者であるという妄想が強くなった。そして一九一八年一〇月英国による毒ガス攻撃で一時失明したのである。そして一一月一〇日、病院でホーエンツォレルン家の崩壊と共和制への移行を知らされる。終戦後、世間では「背後の裏切り」によってドイツが負けたのだという考えが流布するのだが、ヒトラーは特にこの観念に執着したらしい。

一九一九年六月のヴェルサイユ条約では事実上軍備が禁止され、領土を失い、巨額の賠償を請求された。このことは多くのドイツ人、とりわけヒトラーにとっては屈辱的なものであった。当時の社会は共産主義者や社会主義者が跋扈し、革命の不穏な動きが各地で見られた。このため、ワイマール憲法という当時世界でもっとも民主的と言われた憲法下で、指導者たちは革命を抑えるために軍人たちを温存していた。ヒトラーも結局、ミュンヘンで軍の諜報活動に従事していたが、やがてその思想が上司の目にとまり、反共・反民主主義・反ユダヤの教育を帰還兵に施すよう命じられる。

その役目として一九一九年一一月ドイツ労働党の調査を命じられた。ミュンヘンのビアホールの一室で、ドイツ労働党の集会が行われていた。ここで、ヒトラーは、一人の党員がババリア地方とオーストリアとが合併して新たな国家を作るべきだと演説した。これに対し、オーストリアに反感を持つヒトラーは激しく反発し、いきなり演説をぶった。それを見ていた党幹部のアントン・ドレクスラーは彼に好感を持ちパンフレットを渡した。ヒトラーはそのパンフレットを持ち帰って読み、大変に共感をした。そして、彼は党の幹部として迎えられ、彼もこの小さな政党に参加して政治への一歩を進む決意をした。有名な話だが、ヒトラーが三〇分ほど演説すると、集まった百人ほどの聴衆はたちまち彼の演説のとりこになった。そして、多額の寄付を集めることができた。それをきっかけに、党はヒトラーの演説の人気を中心に拡大することとなった。彼は自分がいかに人を引きつけることができるのかを気づいたのだ。ヒトラーの弁舌は興奮してくるとますます冴え、聞くものを引き込むヒトラーは優れたプロパガンダの才能の持ち主であった。その扇動的な演説によって多くの党員を獲得し、党の要人となったヒトラーは、退党をほのめかすなどして上層部に圧力をかけ、独裁を認めさせる。

その後のヒトラーについては、多くの著作が出ているので、ここで繰り返す必要はないだろう。ただ彼の生育歴は父親嫌悪と適応不全に色づけられているということには注意しておきたい。そこに、第一次世界大戦の外傷が付け加わっているのだ。[*2]

ナルシス的になるヒトラー

ヒトラーが演技、より具体的に言えば巧みな演説によって、多くの人を扇動できるようになっていったことは間違いない。最近、そこには失明事件があるという説が、唱えられているが、ヒトラーの失明は毒ガスが原因ではなかったようだ。入院を担当した主治医エドムンド・フォスターによれば彼は「ヒステリー症状を伴う精神病質者」と診断され、催眠療法によって一時間ほどで、失明は回復したというのだ。そしてこのフォスターは、政権奪取後のヒトラーによって追い回されて一九三三年にピストル自殺をしている。*3 つまりヒトラーの病気は戦争神経症から発症したヒステリー性の失明だったと考えられる。それは戦争神経症の典型的な症状だったし、フロイト流に言えば、外傷性の神経症だった。当時戦争神経症の治療は催眠療法が多かったので、主治医のフォスターはヒトラーを催眠療法によって治療したのだ。彼はこの治療によって、尊大に万能的に、同時に被害的で妄想的になった。不適応感が強く自信のない引きこもりの青年が、あたかもナルシス退行が起きて尊大になり、妄想的になったのだ。彼はユダヤ人と共産主義者に対してますます被害妄想的になっていった一方、尊大さは、彼の演説を極端に劇的なものにしていったのだろう。彼が演説をすると全く異なる雰囲気が漂っていたことを、初期の同僚たちが証言している。*4

彼の生育歴のなかで父親が嫌いで、母親から溺愛されていたことを考えれば、晩年、自分の恋人を拘束したがった理由が見えてくる。最初はゲリだったが、拘束され自由を奪われた彼女は自殺してしまった。恋人になったエヴァも途中自殺未遂をしているので、彼の対象選択がナルシス的で破壊的なものであったと推察される。彼は周囲が自分を認めてくれればくれるほど、ナルシス的になっていった。

ここで前章の神経症論の表を参照するなら、ヒトラーはフロイトの神経症を横断しているかのように見える。もともと心気症的で自己愛的な側面を持っていたかもしれないが、目立っていたのは、父親コンプレックスで、何をやっても駄目で、画家、あるいは戦士として有名になることを空想して願っていたが、戦場があまりに悲惨なために外傷性神経症に陥った。催眠療法によって一時的に外傷からは自由になって、もともと心気症的な部分はヒステリー性の方向転換をして、演説という身体表現によって劣等意識を開放する才能を見出した。社会は大衆社会になりつつあり、彼の演説は多くの聴衆を引きつけた。ヒトラーが第一次世界大戦に病んでいるドイツを奇跡的に復興してかつてのドイツ領を奪還、ドイツ国内のインフラを整備して、一時期ノーベル平和賞の候補だったほど、ドイツを経済的に回復させたことは有名だが、その賞賛は彼をますます万能的な独裁の自己愛の世界へと撤退させていった（と同時に無謀な領土拡大を現実化した）と考えることはできるだろう。彼の生きた時代が、ほぼフロイトの『入門』と同時期なのは、偶然ではない。

ヒトラー、フロイト、それぞれの大衆への視点

ヒトラー、というよりもドイツの全体主義がナショナリズムの最終的な姿の一つであることは間違いないだろう。当時「大衆」は大きなうねりとなって社会全体に波及しつつあった。

『入門』を出版した後、フロイトは「不気味なもの」という美学的な論考を仕上げて、「快原理の彼岸」というメタ心理学についての論考を書き上げる。そこでは、子どもの糸巻き遊びについて考察しながら、「反復強迫」という概念を提示した。反復概念は、初期の夢の分析手法のなかで画期的な発見であった反復主題、繰り返し同じ主題が夢のなかに出てくるというテキスト分析を逆転させて、今度はむしろ反復は人間の欲動の運命のようなものであると考えるようになっていた。そしてそれを死の本能（タナトス）という発想で考えることを提案する。前の章で述べたように、すでに死の願望については、一九一四年の戦争と死についての講演で指摘していたことだったが、それがより理論的な言葉を介して、これまでのモデルとは異なる図式が組み立てられていくようになった。その背景を考えるとき、彼がその後すぐ、一九二一年に書いた『集団心理学と自我分析』という、集団現象についての論文が重要になってくる。

この論文のなかで登場する「群衆」「大衆」――Massは、ル・ボンの言う集団心理学に基づいている。ル・ボンはもともと医師であったが、フランスの社会心理学において先駆的な仕事をした人で、研究分野として群衆心理を取り扱った。彼の視点は「愚民としての大衆[*5]」が集まると情動的に動き意志決定をするというものだ。産業革命以降、十九世紀末から二十世紀初頭にかけて激変する社会状況は、多くの社会学者たちによって論じられてきたが、ル・ボンは、主著『群衆心理』で、この時代を「群衆の時代」と呼んで注目を浴びた。フロイトは、この本を読み、群衆、大衆とは情動的になって道徳的・知的な個性を喪失した人々であり、支配する操縦者の暗示通りに巨大なエネルギーを発揮する人間集団だという彼の意見を、精神分析的に解明しようとしたのだ。
当時の大衆社会の現状を理解するために、集団心理学の研究は大きな役割を果たした。フランスの社会学者で『模倣の法則』を書いたジャン＝ガブリエル・タルドは「模倣」を、前述のル・ボンは「群衆本能」を、医師で群集本能を基盤として集団を考えたウィルフレド・トロッターは「群集心理」を、そして『集団の心』を書いたイギリスの心理学者ウィリアム・マクドゥーガルは「一時的情動誘発」などをテーマとして研究を行った。
どれも集団が感情的で原始的な原理で動くという点で共通しているが、フロイトの議論は、集団についてのル・ボンのやや貴族的な知識人の視点と同じで「愚民としての集団」という視点から入っている。例えば次のような文章は、ル・ボンの指摘をそのまま引用している。

集団は、何が真であり何が偽であるのかについて疑うことを知らず、しかもその際自分には大きな力があるという意識をもっているので、非寛容であると同時に権威を信じやすい。集団は力を重んじ、善良さには僅かしか影響されない。善良さなど集団にとってはある種の弱さを意味するものでしかない。集団が英雄を求めるのは強さであり、それは暴力性であってもよいほどだ。集団は支配され押さえ込まれたい、支配者を恐れたいのだ。*6

ここで展開している集団現象の理論は、愚民論的な視点に影響を受けながら群衆心理の情動性を取り扱っているが、興味深いのは、群衆心理を取り扱ったヒトラー『わが闘争』で書かれている集団理論の主題と、ル・ボンの主題はきわめて近いということだ。ヒトラーは、「群衆本能」という言葉を使って、群衆の受身的な性質を女性的と呼び、次のように書いている。

民衆の圧倒的多数は、冷静な熟慮よりもむしろ感情的な感じで考え方や行動を決めるという女性的素質を持ち、女性的な態度をとる。しかしこの感情は複雑でなく、非常に単純で閉鎖的である。この場合繊細さは存在せず、肯定か否定か、愛か憎か、正か不正か、真か偽かであり、決して半分はそうで半分は違うとか、あるいは一部分はそうだがなどということはない。*7

ヒトラーの議論が大衆の「女性性」について語るのに対して、フロイトの議論は大衆とは神経症の人たちがしばしば生み出す錯覚に近いのだと言う。大衆の「錯覚」の起こしやすさを「空想生活と成就されない欲望によって支えられた錯覚とが支配しているというこの事態が、神経症の心理学にとって決定的」と言うのだ。*8 つまり大衆社会の持っている感情的な側面は、個人の神経症と繋がっていると。

フロイトとヒトラーが同時代の人物として、大衆社会の登場を観察して、フロイトはそれを神経症と呼び、一方ヒトラーは宣伝のための心理戦略として用いた。

ナチスが政権を全権奪取して、ドイツの全体主義がユダヤ人を殲滅する計画に着手し始めたのでフロイトはドイツから脱出することになり、迫害者と被害者という構図になった。フロイトはヒトラーの野望を伝聞でしか知らないし、ナチスが「禁書」に挙げた筆頭がフロイトの本であったことも含めて、精神分析とナチスは相反する思想なのだが、少なくとも二〇年代までは、彼らが大衆に関して似たような関心を持っていることは注目しておきたい。

フロイトは「大衆」という集合体を明らかに意識して、それを精神分析の対象としなければならないと感じ始めていた。反対にヒトラーはそれを操作することが可能だということに気がつき、次第に政治的に台頭していくのである。フロイトはこれまでの社会心理学者たちの「個人は集団のなかに身を置くと、その影響を受け、心の活動という点でしばしば深刻な変化を経験する」という一般論を、個人の心のなかのエネルギー、つまりリビドーによって力動的に説明しようとしたのだ。

フロイトがここで人為的な集団、行動のために組織化されている集団として教会と軍隊を取り上げていることは興味深い。宗教はその後「幻想の未来」（一九二七年）でも「文化の中の居心地の悪さ」（一九三〇年）でも中心的な主題になっている。そこでは戦争が私たちの文化に内在するリビドーが生み出す産物と考えているかのように読める。先に述べたように、それはナルシシズムとサディズムという原初の衝動に導かれているのだ。

当時フロイトとヒトラーが共通して出合っていた現実のなかで、精神分析的にもっとも重要なものは、やはり戦争だったのだろう。フロイトは外傷（トラウマ）を通じて、人間の心のあり方を考え直してナルシシズムを発見した。ヒトラーは戦争神経症の治癒を通して、文字通り万能的なナルシスになっていったのだから。

2　寄る辺なき時代の心理

大衆社会のなかでの精神分析

フロイトは「ナルシシズム」の発見によって、人の心の病理の全体像を把握することができるようになっただけでなく、愛、つまりリビドーを原型とする心のあり方全体を見通せるようになった。すなわち自己と対象とのリビドーの配分を想定することで、自我と対象との関係性のモデルを作り出すことができるようになったのである。この自我と対象との関係性のモデルは、心のうちの病だけでなく、対人関係、社会全体のあり方まで説明してくれる。

実際、『入門』後、フロイトが「幻想の未来」「文化の中の居心地の悪さ」などの一般論、社会論へ傾倒していったことは、彼への依頼原稿に、精神分析という道具を使って社会を論じて欲しいという傾向のものが増えたことが大きいのだが、ナルシシズムという道具を使って、より複雑な文化論を展開する可能性ができたからでもあるのだろう。

フロイトは、『入門』以降、個人の欲望と社会の抑制といった二律対立的な世界観から脱して、欲望と道徳、衝動と社会規範、あるいは生物学的存在と文化的存在という一見、対立するように見える二つを単なる抑制や抑圧としてではなく、自我を中心とした分析として論じるようになる。
単にヒトラーが大衆になぜあれほど英雄視されたかということを、フロイトの文脈において考えると、ヒトラーの演説技術とか、彼の狂気、そしてそれに巻き込まれた周辺の人々の政治的な事情ではなく、そういう問題の原点が私たち自身の心のなかにあるのではないかという視点を提供してくれる。そのことを考えてみよう。

フロイトの「集団心理学と自我分析」は、ヒトラーの行う残虐行為、悲惨な行為を全く知らない一九二一年という時期に書かれたが、彼が見ていた社会の現実は、ヒトラーが生きた現実とほぼ同期している。一九二〇年の「快原理の彼岸」でも、その現実に共鳴してはいるが、その一年後の「集団心理学と自我分析」は、ナルシシズムを導入し「同一化」、「自我理想」という概念に注目していることは、時代との共振をより強く感じさせる。

ナルシシズムが自分を手本にして相手を選ぶという自己愛的な対象選択を生み出すのだとすれば、「同一化」とはもっと原初的なもので両親や身辺にいる人などのかつての対象を手本に、自分の中に柱になる部分を取り入れることを意味する。

一方「自我理想」とは、自分のなかにある理想像を、外の対象に重ね合わせ、それをあたかも自分の内側の理想のようにして感じるメカニズムのことを言う。そして、私たちの心のなかには、そうした権威への願望「自我理想」があり、あまりに多くのものを失うと、それを補塡するために、集団が「同一化」の段階へと退行してしまいやすいのだと、この二つの概念を使って説明した。

ル・ボンら社会心理学者の理論のほとんどが、群衆の振る舞いを集団行動に帰属させるのに対して、フロイトの分析手法の優れたところは、そこに家族のなかで形成される心のコンプレックス、あるいはその心の構造が、社会学的な現象と連続して理解できると考えている点にある。言い換えるなら幼児期とその後の発達を連続して理論化したのだ。この点はまだまだ詳細な研究をしていく余地があるが、少なくとも二〇世紀にもっとも悲劇をもたらした代表的な人物ヒトラーと大衆の関係を通して言えることは、人々が個のレヴェルの自我を失って自我理想に従って同一化を起こしやすく、外部に権威を求める気持ちを幼児期に起こしやすいのと同じように、多数の大衆が同一化を起こしやすいということなのである。

ヒトラーの個人史を見れば、ナルシス的な退行を起こしたのは、彼が父親コンプレックスを持っていたことが大きいし、もともとヒステリー傾向が強いところで戦争神経症の治癒によって、万能的になるナルシス的な退行を起こしたことが大きいのだろう。家族に起源を持つエディプスの問題を抱えながら、群衆の理想像になっていってしまった経過を考えれば、彼の右翼的な全体主義思想が大衆の間に受け入れられやすいという、現代社会を生きる私たちがつねに留意するべき問題に行き着く。

つまり私たちは大衆として全体主義や右翼的な傾向にすぐに自らをゆだねやすい、それはもともと私たちは寄る辺なき状態で生まれてきて、親に依存して、依託的な関係で幼児期を過ごすからである、フロイトはそう分析した。*9

寄る辺なき時代：現代社会の原型としての二〇世紀思想

現代社会の原型を、資本主義と民主主義だと考えるなら、そこでの大衆の動きというものは、ヒトラーが注目したように、政策運営上もっとも重要なものだ。フロイトは「集団心理学と自我分析」でそれを幼児期への退行の心理として扱おうとした。おそらく集団行動を衆愚行為として、集団に帰属させるのは簡単かもしれないが、フロイトはそれを、社会心理学ではなく精神分析の面から、原始社会から繰り返されている私たちの心のあり方と関連づけて考えようとしたのである。それはもともと私たちの幼児期が「寄る辺ない」状態で生まれてくるからで、親に頼るしか、依存するしかほかに選択がないからである。

この「寄る辺なさ」がいかに現代的なのかを考えるためにもう一度ヒトラーとフロイトを召還してみよう。

なぜヒトラーが「ノーベル平和賞」を取る可能性があったのか、なぜ彼が民衆に賞賛されたのか。それは、第一次世界大戦前後で起きたことを見ると良くわかる。時代は、飢え、貧困、病気、終わらない戦争といった苦に関連した体験の連続だった。それはまさにフロイトの体験でもあり、一九二〇年代、『入門』を書いたころから、晩年までの苦難を列挙すれば、すぐにわかることだ。そして、精神分析的に見直せば、当時のドイツ人たちの集団での同一化がヒトラーを待望したと見なすことができる。そして、そこでのキーワードこそ「寄る辺なさ」なのだ。*10

その「寄る辺なさ」を、当時の現実の事象から読み取ってみよう。象徴する事件が三つある。第一次世界大戦の状況のなかで、一九一五年に「カブラの冬」と呼ばれる状況があった。ドイツではイギリスからの流通が途絶えたので、食料不足がひどくなり、国民は飢えのために亡くなるほどになった。草木まで食料にしたその時代を通称「カブラの冬」と呼ぶ。*11 この時期の飢饉の記憶が、その後のハイパーインフレーションを通してドイツ国民の外傷記憶のように働き、ナチスの食料戦略を歓喜しヒトラーの奇跡の回復を賞賛させしめたというのが精神分析的な理解である。

貧困と空腹との連想は、人々に深く外傷的だったと考えることができる。精神分析的には、これは口唇期における欠損であり、深い愛情関係につながる母性的な庇護の欠如を連想させる。ドイツ国民にとって、この欠損は、つねに危険信号としての「口寂しさ」という連想として機能しており彼らの幼児期の「寄る辺なさ」を喚起したと考えられる。一九二〇年代に起きた恐慌は、この連想を加速させて「英雄」待望の機運、そこへの絶対的依存の心理を作り上げた。実際、ヒトラーが行った行為、第一次世界大戦で奪われたドイツ領の回復は、国際的には非難されたが、ドイツ国民には英雄的な行為として賞賛された、その意味で失われた大地の修復と感じられたことだろう。

もうひとつの出来事は直接フロイトの人生に関連している。それは一九一八年にパンデミックが起きたことだ。第一次世界大戦中に、黒死病以来のスペイン風邪の流行がヨーロッパを襲った。近代で起きた唯一のインフルエンザによるパンデミックで、今日、鳥インフルエンザから生じた証拠が明らかにされた。第一次世界大戦間で正確な統計は取りにくいが、推定で感染者は世界中で約五億人以上だったとされており、死者はそのうち一〇分の一から五分の一、つまり五千万人から一億人に及んだとされている。つまり人類の約三割近くがスペイン風邪に感染していて、戦争による死者にはこの病気で倒れた人が交じっている。戦争をはるかに凌駕する人たちが戦場ではなく、日常生活のなかでインフルエンザの感染で亡くなった。*12

フロイトは自分の娘で、「太陽」にたとえられたゾフィを一九二〇年に失っている。しかも愛弟子でパトロンでもあったフォン・フロイントがスペイン風邪で亡くなった数日後のことであり、実は「快原理の彼岸」を執筆中のことであった。すでに述べたようにその本にはゾフィの息子が、母親の不在の痛みを繰り返す糸巻き遊びをする場面が詳細に描かれている。後述する「死の本能衝動」は、フロイトの著作のなかでこうした文脈ではじめて登場する。それは、第一次世界大戦に息子たちが借り出されて不在であったという状況のなかで、親として戦争という悲惨さの前に無力だっただけではなく、娘の死を前に、つまりパンデミックによる死者を目の当たりにして、医師として無力感を感じていたことも影響していたのだろう。

パンデミックに関しては、精神分析的に見れば、感染は見えない恐怖の危険信号として働く。そして汚染に対する潔癖や清潔を想起させるだろう。黒死病で死体を焼いたのもそのためだ。これは精神分析的には潔癖から来る強迫観念のもと、肛門期的な潔癖症を生み出したと考えられる。つまりドイツ国民は、第一次世界大戦の不安のなかで、喪失における自分自身の肛門期的な精神のコントロールの問題を抱えていたに違いない。ここでの「寄る辺なさ」は見えない敵に対して、見えない汚染に対する恐怖症的な反応だったと考えられる。

ドイツにとって三つ目の問題は、第一次世界大戦後も続いていたのだが、お金の問題だ。それは貯蓄、あるいはお金のコントロールに関わる、いわば肛門期的な課題とでも言い換えることができる。戦後ドイツは、ヴェルサイユ条約を受諾したために、莫大な賠償金を課されて、ケインズが心配したように、経済的な苦境に陥り、戦後インフレは一ドル一三・五マルクから始まって、一九二〇年には六四・八マルクになり、一時的に沈静化するが、二一年には再度七六マルクになって二二年には四九三・二マルク、二三年には桁が大きく変わり、一万七九七二マルクから一年の間に四二〇〇兆マルクにまで下がった。この感覚は、おそらく戦後の混乱期を体験した人が少なくなった現代の日本人には想像できないような事態で、あえて言うなら、トランク二杯分の紙幣で、パンが一個買えるかどうかという、紙幣が重さで量られるような混乱のなかにあった。[*13]フロイトは、国際的な精神分析協会の仲間であるイギリスのアーネスト・ジョーンズが米国の精神分析を受けたい専門家を短期的にフロイトの患者にするというルートを作って、フロイト家は日々の生活を凌いでいたが、それでも周辺には政治や経済に対する不信感が蔓延しており、政府や政治、あるいは権威に対する不信感も強めた。群衆はその意味で自我理想を失っていたのだ。そして同一化していったのは、そうした不信感に対して生じてくる政府や政治に対するネガティブな感情だろう。背後からの一突き伝説（共産主義者とユダヤ人が後ろから裏切って大戦に負けたという流言）は、そうした不信感のなかで、大衆のなかで起きた流言飛語的な妄想症的な反応であった。ドイツの大衆は、第一次世界大戦に負けたのは、背後から共産主義者とユダヤ人たちが、裏切りの妨害行為をしたからであり、そのために自分たちは後ろから刺されたようなものだとパラノイア的な空想を持つようになった。「貧困・空腹」「パンデミック」「お金」という三つの要因から生じる病理的な「寄る辺なさ」に加えて、フロイト的な意味で決定的だったのは、エディプス・コンプレックスに関連した出来事であった（この点については、一九二三年に書かれた『自我とエス』のなかで登場する「超自我」という概念と密接に関係している）。

第一次世界大戦の結果、ドイツ・プロイセンに起こった敗戦に加えて起きたもうひとつの悲劇は、一九一八年の革命によってヴィルヘルム二世が退位を迫られたことであった。王の退位と言っても、人民によるフランス革命や、イギリスのエドワード八世のように合意による退位で、王位を失ったわけではない。むしろ王という象徴そのものの排斥に近いことが第一次世界大戦後の大衆によって行われたのだ。いわば集団によって責任を王に押しつける現象とでも言えるものだが、この手の民衆による象徴的権力の駆逐は、共産党革命のような民衆の革命を除いては、それまでのヨーロッパでは最初の出来事であり、その後ワイマール憲法というきわめて民主的な法律ができたことも含めて当時のヨーロッパ社会では珍しいことが続いたのだ。そしてヒトラーがその間隙を縫って登場する。

フロイト的な視点から言えば、王の追放は父親殺しなのであろう。権威として君臨していた王は、事実上無力化されて、第一次世界大戦後の大衆は王を追放した。そして王の空白の場にヒトラーという英雄を待望することになるのである。第二次世界大戦後に、民衆の革命を起こした国が、君主制よりもさらに強力な独裁性に傾いていった歴史はその後繰り返される。最初はドイツで起こったのだが、スターリン、毛沢東、クメール・ルージュ、最近では中東の各国で新しい権力が虐殺を繰り返した歴史を、私たちはすでに知っている。

このように、口唇期的な欠乏「貧困・空腹」、肛門期の汚染に対する不安「パンデミック」、肛門期的なコントロール不全の不安「お金」、そして父親殺しによる権威の不在「ヴィルヘルム二世の退位」、といった、幼児期の体験とリンクする四つの「寄る辺なさ」が、戦争による殺戮の結果、対象喪失のなかで、ドイツ国民が体験したものだ。この「寄る辺なさ」と対象喪失によるメランコリーを通してフロイトの『集団心理学と自我分析』を読むなら、同一化と自我理想の力によって、英雄待望の機運、全体主義的なリーダーの登場を容認させる結果を生むのは当然だ、という結論が導き出せる。これは原始的な社会の権力生成の構図とも言えるだろう。

フロイトが「集団心理学と自我分析」で論じたように、大衆、つまり集団は、暗示にかかりやすくしばしば神経症的な状態にあって、理想的な英雄を求める気持ちに傾きやすい。それは集団のなかの個々人が同一化というメカニズムで一方向の考えを取り入れやすいからであり、ヒトラーが利用したのは、このメカニズムであった。幼児期の子どもが親の愛情とともに罰やしつけを受けるなかで、親への同一化を通して自我理想が獲得される。そしてこの権威像は、私たちの心の中核にい続けると同時に神経症をもたらす不安の源泉にもなる。

フロイトによれば「人間とは群族する動物であるというトロッターの発言を、あえて次のように訂正することにしよう。人間とはむしろ、群族をなす動物、一人の首領によって先導される群族に属する個体的存在である」[*14]ということであり、だからこそ組織化や制度によって制限されていない集団の場合については「そのような一次的な集団は、同じひとつの対象を自我理想の代わりに置き、その結果、自我が互いに同一化してしまった、相当数の個人からなる」と語っている。自我理想のところに、ヒトラーを入れて、その後のドイツ全体主義の大衆のことだとすれば、この文章はまるでヒトラーの登場以前から、彼とナチズムの登場を予測していたかのように読める。[*15]前述したように、一九二一年当時、フロイトはヒトラーの存在を知らない。だからこの予測は、精神分析によってのみ可能である。すなわち「家族と同じように、社会集団は、しばしば神経症的な状態に陥る」[*16]この言葉は、精神分析の現代社会への警鐘になっている。

私たちは成人しても幼児期に、自分の性的倒錯を解決できないポイントとしての固着点を持っている。それが苛酷な環境のなかで、「寄る辺なさ」を市民一人ひとりに喚起し、共通の対象へと絶対的に帰依するような条件を揃えたときに、社会契約や規約を超えた超人間的な存在、絶対的なリーダーに盲従する全体主義を可能にするのだ。

「集団心理学と自我分析」は、群衆心理の内において個々人のなかにある原始の群族の行動を見出すための本であった。先述したように、それによってフロイトは、個人の心理が群衆の心理とつながるアクセスの回路を見出した。そこでフロイトは、父親や原始の父が、エディプス・コンプレックスの先駆者であったと指摘して、次のように述べる。

人類の歴史の始点において彼は超人であった。ニーチェはそれを未来においてようやく到来すると予期したのだが、今日でも依然として、集団の中の個人は、自分たちが指導者によって等しく公平に愛されている、というまやかしを必要としている。ところが指導者当人は、他者を愛する必要など何もない。彼は主人としての性格をそなえていてよい、絶対的にナルシス的でありながら、しかし自信に満ち、自分勝手でよいのである。[*17]

ここでニーチェが思想的に到達した「超人」にフロイトが準拠していることは、注目して良いだろう。そして超人として自認する権力者はナルシス的であるいう指摘は、文字通りヒトラーのことを述べているように読める。[*18]

「自我」と「超自我」、そして「エス」

大戦間の混乱のなかで、フロイトが到達した言葉は、「エスあるところに、自我あらしめよ」であった。つまり悲惨な環境の結果として生まれる原始的な心性の出現を前にしてつねに「自我」に戻って、そこを足場として、生き残るということだ。これがフロイトの答えであった。

『入門』においてもっとも暫定的でもっとも不安定な記述は、第二五講「不安」の章であった。そこでフロイトは現実不安や精神神経症の不安を記述しながら、「今後の課題」のようにそれを論じている。理由は、この理論を完成させるのが数年後「自我とエス」においてだからだろう。『入門』で導入された「自我心理学」という言葉は、「快原理の彼岸」を経由して一九二三年の「自我とエス」で斬新な心のモデルへと到達することになる。

人は不安を感じ、そのうえで、危険を感知することによって呼び覚まされる誰にも共通の動機にもとづいて逃走にとりかかるのです。大きな生命の危険を克服した人たちは、その時まるで不安を感じることはなかった、たとえば猛獣に銃口を向けたといったふうに、ただ行動しただけだった、と語るものですが、これこそがもっとも目的に適ったことであるのは、まちがいないところです。[*19]

ここではナルシス的な自我が危険を察知して「不安」を呼び起こし、その察知した情動に基づいて人は動く。フロイトは、ここで不安に対する自我という装置の重要性を認識している。ナルシシズムは、（ヒトラーにおいてそうだったように）退行をもたらすと同時に自我という場所を作り出すために心の基盤となる力でもあり、身体の外部にしろ、内部にしろ、危険を察知した自我が人に不安を抱かせる。そして自我は、危険に対して人が引きこもる小部屋であった。一言で言えば「自我は不安の宿る本来の場所である」ということになる。自我は、ナルシシズムという力動において、不安に対して稼動するのだ。自我は自分の身体のなかから来る衝動、つまりリビドーと、外から来る外傷的な体験とを双方から認知して、それを危険な信号として受け止めるための小部屋になる。

『自我とエス』においてフロイトは、第二局所論と呼ばれる、新しいモデルのために、これまでの議論を総括して、人間の心のなかには、三つの場があると指摘している。それは「超自我」と「自我」と「エス」である。説明していこう。

「超自我」とは「自我とエス」ではじめて登場するものだ。自我という大きなフィールドのなかに自我理想、つまり自分のこうなりたいと考える理想像をさらに進展させていくなかで見出されたものが「超自我」だ。フロイトは「宗教、道徳、社会的心情、これが人間のうちにある高尚なものの主たる内容ということになろうが、そもそも同じひとつの根から発したもの」[*20]と言っているが、その同じ根というのが「超自我」だ。いわば、自分のなかにある大きな規範的感覚のようなものと言えるだろう。それは道徳心と呼んでも良いし、権威と呼んでも良いし、法律と呼んでも良い。親の姿を取り入れることから始まって、社会的な規範としての親的対象との同一化によって取り入れられたものでもあり、親がしつけにおいて語った「するべき」ものを集めたような場でもある。

私たちは第3章で発せられた「道徳心はなぜ」という問いに、「超自我」という言葉で答えることができる。より大きな道徳心とでも言うべき「超自我」は、私たちの心につねに内在しているのである。そしてこの「超自我」を通して、神経症論をさらに整理できるようになったのだ。

そして、もうひとつの場が「エス」である。フロイトはリビドーの発生の場、衝動的で欲動的な心の極として、エスを想定した。この場は、ナルシシズムをはじめとして、サディズムやマゾヒズム、あるいは同一化（同性愛）などの倒錯的な性欲や空想を生み出す起源となる。「エス」があるところに、自我がなければ、倒錯的で逆転した世界、狂気の幻想の世界が支配することになる。エスはリビドーの場なのだ。

「超自我」、「自我」ともに「エス」から派生するが、超自我とエスは葛藤して対立しやすい。そして「自我」はこの二つの調整役なのだ。フロイトは言う。

自我はエスの一部であって、エスが外界の直接的な影響を通して知覚―意識による調停のもとに変容したもの、言ってみればエスの表面分化の延長上にあるものである。自我は、エスならびにエスの意図に外界の影響がきちんと反映されるように努力し、エスのなかで無際限の支配を振るっている快原則を現実原則に置き換えようとする。…自我は、激情をはらんだエスとは反対に、理性や分別と呼べるものの代理をしているということである。[*21]

つまり、自我は衝動に対する理性として生み出される。自我は、文化という文脈のなかで獲得された超自我と、身体に基盤を持つエスという二つの場の衝突する脅威を感じながら、その危険性の信号を受け取る機関のようなものだ。[*22]

フロイトは、道徳心、本能的な欲動や衝動、そしてその間に生じる葛藤を調整する機関という三つの場として、エスと超自我、自我という場を想定することで、神経症論を簡略化することに成功する。*[23]

ちなみにこの「超自我」「自我」「エス」を使ったモデルが生み出された背景に、世界大戦の間にフロイトとヒトラーを含めたドイツ国民を襲った苦難があったことは、すでに述べた。フロイトはその時代に『自我とエス』を書いた。フロイトの自我は、外傷性の神経症と同じように、外界からの危険に晒されていたのだろう。フロイトが二つの大きな戦争の間に、「死の本能衝動」を発見して「無常」について語り、仏教的な「涅槃原則」を見出したのも偶然ではない。*[24]

現代社会における分断された「自我」

「自我とエス」が書かれた、二つの世界大戦の時代のドイツに比べて比較的安定した社会環境となった現代では、超自我、エスともに、むしろ内部での分断が進んでいるのではないだろうか。

「何が正しく何を信じればいいのか」、「自分のよって立つ道徳心とはどういうものなのか」こんな混乱のなかで、規範である超自我は途方にくれている。「何が欲しいのか」「どうしたいのか」、本来はシンプルであるはずの自分の本能であるエスですら多くの情報で引き裂かれている。

外部環境が苛酷だったとき、人は外敵に対するナルシス的な引きこもりか、サディスティックな攻撃か、どちらかの道を選択するしかなかった。それが戦争を生み出した。だが現代では、外部環境は、先進国、特に日本という安全な社会ではとりあえず苛酷なものではなくなっている。にもかかわらず、現代人が引きこもり、ナルシス的になっている理由は、フロイトが考えたように不確実な現実を前にして、自我が不安定になっているからだろう。

さらに言えば近代において「大衆」であったものは、世界全体に胡散霧散するグローバルなネットワークのなかにあって、不透明なものになっている。環境が安全でも、あるいはグローバルな世界が広がっていても、自我の不安はますます増えるばかりで、かえって自我がナルシシズムの世界に閉ざされやすくなったとも言える。現代では人は狂気の要塞のなかにではなく、むしろ引きこもりの小部屋に閉じこもる。分断され、分裂して、断片化したものになりつつある。

フロイトの時代と様変わりした「群衆」は孤立している、そして自我の小部屋のなかで体験できる仮想領域はグローバルなインターネット上に広く拡張している。そこで、さまざまな価値観に晒され、明晰な自我を失っていき、内面が分裂していく。群衆として見たときの人びとが、宗教的にはキリスト教とイスラム教、そして仏教の間に、政治的には右翼と左翼の間に、経済的には格差社会の大富豪と貧困の間に、政治体制的には独裁制と民衆運動とが分断して見えるのは、そのためだろう。その分断のなかで個々人の自我は、超自我（道徳心）とエス（本能的な欲動や衝動）の間の調整役を放棄して、ナルシシズムという力動を持った自我の小さな部屋のなかに閉じこもってしまい寄る辺ないものになりつつある。その小さな暖炉部屋で自我はあるときにはヒトラーになり、あるときには小さい赤ん坊のような姿をしている。このような価値観が拡散して分断された社会が進行していけば、群衆は再びヒトラーの登場を希求するようになるだろう。[*25]
「自我は不安の宿る本来の場である」[*26]。フロイトのこんな言葉が現代社会に警鐘を鳴らしている。

＊1 ヒトラーの生育歴に関しては、多くの研究があり、あまりにも情報がありすぎるが、日本語で読めるものでは、イアン・カーショーの『ヒトラー［1］［2］』がもっとも優れたものだろう。またピカートの『われわれ自身のなかのヒトラー』は、自分たちの心のなかに内在している独裁、権威といった問題を考え直す良書でこの問題を心理学的に考える時のヒントになる。

＊2 イアン・カーショーのヒトラー伝『ヒトラー［1］［2］』を参照した。

＊3 ベルンハルト・ホルストマンのルポ『野戦病院でヒトラーに何があったのか：闇の28日間、催眠治療とその結果』を参照。

＊4 高田博行『ヒトラー演説：熱狂の真実』を参照。

＊5 ほぼ同時代にスペインの思想家オルテガ・イ・ガセットは『大衆の反逆』において、大衆を「権利だけを主張する欲求だけの存在」と考えた。

＊6 ジークムント・フロイト、「集団心理学と自我分析」、『フロイト全集　第一七巻』、一三一ページ

＊7 ヒトラー、『わが闘争（上）民族主義的世界観』、二六四ページ

＊8 「集団心理学と自我分析」、『フロイト全集　第一七巻』、一七八ページ

＊9 ジークムント・フロイト、「制止、症状、不安」、『フロイト全集　第一九巻』、一六六ページ

＊10 シモーヌ・ヴェイユの言葉を用いて「根こぎ感」でも良いのかもしれない（シモーヌ・ヴェイユ『根をもつこと』を参照）。

＊11 藤原辰史は、ドイツで起きた飢饉がその後の戦争のもっとも重要な動機であり、「城内平和、シュリーフェン作戦、ルシタニア号事件、三級選挙法、無制限潜水艦作戦、ドイツ革命、ヴェルサイユ条約、背後からの一突き伝説、ケインズ（の発言）、ナチズムといった二〇世紀前半を語る上で必須の歴史用語が、食糧という一本の線」で繋がると述べている（藤原辰史、『カブラの冬』、一七ペー

ジ)。

＊12　アルフレッド・クロスビー『史上最悪のインフルエンザ　忘れられたパンデミック』を参照。

＊13　アダム・ファーガソン『ハイパーインフレーションの悪夢：ドイツ「国家破綻」の歴史は警告する』を参照。

＊14　「集団心理学と自我分析」、『フロイト全集　第一七巻』、一六九ページ

＊15　「集団心理学と自我分析」、『フロイト全集　第一七巻』、一八八ページ

＊16　「集団心理学と自我分析」、『フロイト全集　第一七巻』、一六七ページ

＊17　「集団心理学と自我分析」、『フロイト全集　第一七巻』、一九七ページ（一部、訳を変えた）

＊18　戦前にフロイトと同様に、ドイツの労働者、大衆の権威への盲従を指摘したのは、フランクフルトにできた社会学の研究所から生まれたフランクフルト学派であった。彼らは今日、批判理論と呼ばれる社会学の流れを作り出したが、精神分析と同様にユダヤ人の優秀な研究者を多く持つ研究所として出発した。ホルクハイマーらの書いた『啓蒙の弁証法』は、近代社会を分析するために、啓蒙の意味を考え直した著作であった。その研究所で行われた調査は「権威主義的性格の研究」と呼ばれ第一次世界戦大戦後、一九三〇年代の市民にアンケート調査を行ったものだ（公刊されたのは後年だが）。この調査を行った精神分析家エーリッヒ・フロムによれば、権威を求める、追従する心理は、当時のドイツ国民に広く流布していたという。その後フロムは『自由からの逃走』という著作で、自由から逃れ、権威への従属を求める気持ちを、市民のなかにある普遍的な心理として描いた。

＊19　ジークムント・フロイト、「精神分析入門講義」、『フロイト全集　第一五巻』、五一七ページ

＊20　ジークムント・フロイト、「自我とエス」、『フロイト全集　第一八巻』、二〇ページ

＊21　「自我とエス」、『フロイト全集　第一八巻』、二六ページ

＊22　米国の精神分析家ローウォルドは、自我は現在の時間、超自我は未来の時間を生きていると述べた。この発想はなかなか意味の深いことを語っている。超自我はもともと親の態度や考え方を、同一化を通して内在化させることであり、それは過去から未来へ伸びていく時間のなかでの発想と言えるだろう。だから伝統や保守という概念は超自我によって維持、継承されていく。つまり道徳や規則、社会的慣習は超自我の産物なのである。これは進化のプロセス、つまり人間の歴史全体から見れば、良質な超自我は伝統の継承者と呼ぶこともできる。だが歴史家ラッシュが述べているように、時間的な現在を生きている刹那的な現代人――自我と考える――は伝統志向で

はないので、この部分が短絡的で、内面に深く根ざした罪よりも、即時的な罰を重視しやすい（Loewald, Hans, The Superego and the Ego-Ideal, *International Journal of Psycho-Analysis 43*を参照）。

＊23 フロイトは最晩年、防衛としての分裂Spaltungやパーソナリティの分割Zerlegungに関心を持ち、それを体系的に捉える理論を発展させる途上にあった。フロイト以後、前者を発展させたのがクライン学派で、後者を発展させたのは自我心理学だったという理解は可能だろう。「自我とエス」がもたらした精神病理学的な発展については、二つほど例を挙げる。（一）メランコリーの症例では、超自我が意識を独占しており、そこでは自我は異議を唱えない。自我は自らに罪があることを知っており、罰に従うからだ。強迫神経症で重要なのは自我の外部に留まる不快な興奮である。しかしメランコリーでは超自我が怒りを向ける対象は、同一化によって自我のなかに取り込まれているのである。（二）ヒステリー型の自我は、超自我の批判によって脅かされ、苦痛に満ちた知覚から自己を防衛しようとする。これは抑圧という行為によって、耐えがたい対象から自己を防衛するために使った手段と同じである。ヒステリーにおいて罪悪感が無意識の状態に留まるのは、自我が罪を感じる素材を遠ざけておくからだ

＊24 フロイトは「快原理の彼岸」で快原則とも、現実原則とも違う、涅槃（ニルベーナ）原則というのを考えるようになった。この概念は、「内的興奮による緊張を減少させ、恒常に保ちあるいはそれを取り除こうとする傾向」のことである。死の本能はこの原則に従う。涅槃を語った哲学者はショーペンハウエルだが、フロイトは晩年しばしばこの哲学者について、死の欲動とともに言及している。フロイトが涅槃の仏教的な意味について知っていたかどうかは、わからないが彼の日記によれば、日本からの留学生であった矢部八重吉が、ニルベーナ原則の着想を与えたとあるので、この世界が苦に満ちているからこそ、滅私や無心を目標とする仏教の道を知って、この言葉を使っていた可能性もあるのだろう。それは無心や無我を目指す仏教の言葉である。苦難のなかで、自我が生き残る必要のあった時代、仏教に近い無心をフロイトが考えていたのは興味深い。

＊25 実際二〇一七年現在アメリカに登場した大統領を見てもわかるが、アメリカでもヨーロッパでも、ナチズムと同じ右翼ナショナリズムの傾向が強くなっている。インターネットには世界を拡張・拡張する効果、自我が繋がりを持つ効果はあるが、原始的な群衆が集まる人間の傾向を回避する力はない。

＊26 「自我とエス」、『フロイト全集　第一八巻』、二一ページ

終章

自我：現代社会におけるナルシシズム

引きこもりの場としてのナルシス

『バーディ』という映画をご存知だろうか。[*1] ベトナム戦争に行った、鳥好きの青年が心を閉ざして精神科の病院に入院している。彼のために同じく戦争で身体に金属を入れるほど傷ついた友人が訪ねてきて、過去を思い出しながら、閉ざされた心にひたすら語りかける。最後、主人公バーディは病院の屋上から鳥のように飛ぶという筋だが、エンディングは皆さんに見ていただくことにして、今も中東をはじめとして局地戦は続いているので、こうした戦場のトラウマによる神経症の若者は決していなくなったわけではない。

フロイトは倒錯としてのナルシシズムの発見から「自我」を再発見する。その発見の背後には戦場で、そして戦争中の日常で苦しんでいた人々がいる。心のなかに引きこもってしまうナルシス的退行の場こそ、自我の中核になるのだ。

戦時中、それぞれの家庭に引きこもり、おそらく悲惨な現実を見て見ぬ振りをしていた多くの人々がいたことだろう。一方、飢餓や生活での欠乏感が普通になってしまった世界では、群衆が同一化を通して原始的な心性をサディズムの方向に露呈させていった。特に第二次世界大戦の背景にあるのは、そうした欠乏と欲動、そしてそこから生み出される幻想であった。前の章で述べたように、フロイトは、『集団心理学と自我分析』で、理想自我に簡単に身をゆだねる群衆の姿を描いた。その予測は第二次世界大戦でヒトラーが登場して実現するが、外的環境の脅威に対してナルシスを反転させた群衆が同一化して、サディズムに退行してしまう。これは人間における普遍的なプロセスであり、そこで暴力革命と英雄待望論が再燃するのは難しくないし、この点は現代でもそれほど変わりがない。

フロイトが偉大なのは、単なる環境やトラウマにだけ、神経症の原因を探求するだけではなく、平和の時代だろうと、戦争の時代であろうと、心の内側にあって、同じように私たちが不安に脅かされている「自我」とその分裂、破壊されていく可能性を明らかにしたことだろう。私たちが寄辺なき存在として生まれてくるとすれば、あらゆる時代に、あらゆる環境のなかで、幼児期へと簡単に回帰してしまう。序章で、私が本書を書く動機となった「不思議な感覚」とは、この「大人のなかに幼児を見る」ということなのだ。

私たちは成人しても、神経症と倒錯の間の微妙なバランスのなかにいる。[*2] 神経症は、私たちが倒錯を克服しながら社会に適応していくときに不可避なことであり、環境やトラウマによって不安が高まると、ナルシシズムとサディズムという、原人間の両側面が簡単に出現する。

現代社会におけるナルシシズム

フロイトやヒトラーの時代に比べて、経済的な豊かさが日常化した先進国で、今もっとも問題とされている神経症は、ナルシシズム、ナルシス的退行である。環境的な欠損や戦う敵は明確ではなく、目の前にあるのは漠然とした不確実性だけである。退行を引き起こす条件は揃っている。中東やアフリカのように政情不安定な局地では、フロイトの時代と同じことが繰り返されている場もあるだろうが、本書を読んでいる読者には、現実的ではないだろう。[*3]

現代社会での群衆や集団行動の研究でもっとも有名な著作は社会学者デイヴィッド・リースマンの『孤独な群衆』になるだろう。『自由からの逃走』を書いた精神分析家エーリッヒ・フロムと同じように、リースマンは、社会心理学と社会学を橋渡しして、現代の群衆の姿を描いている。そこでは、現代の群衆は高度消費社会のなかで、工業化に成功し、経済的な豊かさと移動の利便さに浸った都市生活を享受する現代人の想像力の枯渇や空虚感について論じている。欲求不満と疎外といった特徴を持つ群衆は、共通の理念や立場、あるいは哲学で党派を組むような「伝統志向的」だったり「内部志向的」だったりする集団ではなく、ひたすら他者の振る舞いに合わせて迎合する「他者志向的な」人々が集まり群衆となっていく。マスメディアはこの傾向を助長すると述べた。その意味で彼らは共同行動を行わず、それぞれが「孤独」なのだとリースマンは言う。[*4]

そうした群衆は、フロイト的な意味で同一化するような退行を起こすのではなく、つまり行動化するのではなく、個々別々にナルシシズムの段階への退行を起こしやすい。フロムの言葉を使うなら、大衆は、すぐに逃げ出す場所を求める。[*5] その場所は、「理想化による（権威への）同一化」ではなく「ナルシシズム」なのである。飢餓や潔癖、あるいはコントロール不全といった、基本的な日常生活のなかでのリスクの問題は、高度経済成長の結果一段落して、生存危機の時代は、限定的な戦争場面以外は、去った。アメリカの歴史家クリストファー・ラッシュが述べたように、大衆を支配しているのは、「ナルシシズム」なのである。彼らは効率主義的な現在という短い時間にからめとられて、官僚主義が前面に出た社会のなかで、自己啓発と自己中心主義に支配されているとして、かなり批判的に論じている。[*6]

フロイトが発見したナルシシズムはもともと精神病患者たちの自己防衛のための手段だったことは、これまで述べてきた通りである。だから外の世界からの攻撃に対する妄想的な不安に簡単に変化してしまう。そして自分だけの「小部屋」に閉じこもることになる。ナルシシズムは、現代人の自我を表現するのに、もっとも的確な言葉だと言えるだろう。

ナルシシズムの現代的・具体的事例として、今、大きな問題になっているのが「引きこもり」だ。日本だけを考えてみても、不登校をする子どもたちは、子どもたちの全体数が減っているのに減少していない。また社会的な引きこもりは厚生労働省の推計やその他の統計で、おおよそ六〇万人ほどおり、若者が家から出てこなくなっている。さらにその周辺には、「パラサイトシングル」と呼ばれる、未婚で親と同居している独身の青年から中年が一二七五万人、つまりその年齢の四人に一人が独身で、家から出ていないのである。彼らは社会全体の動向として結婚しないで、家から出ないので、未婚化、さらには少子化の深刻な原因になっている。[*7]

フロイトは、自己愛から抜け出してリビドーを対象に向けていき、思春期になったら配偶者を見つけて、自身の家庭を持つプロセスを「対象愛の方向性」と定義したが、現代は対象愛への方向が失われていると言えるだろう。先進諸国で蔓延している少子化には、政策的、経済的な対策が急務だろうが、個々人の心の問題として見直すなら、人間の心が対象愛に向かっていないという問題がもっとも深刻だろう。[*8] 若者から中年までのパラサイトシングルは、その意味で対象愛に対する動機を失ってしまっている。

引きこもりのための小部屋としての「自我」

現代の私たちにとって世界大戦前に自明な前提であった明晰な自我は、徐々に寄る辺ないものになりつつある。これがフロイトの発見した「ナルシシズム」の現代社会での帰結である。かつてデカルトの唱えた「コギト」は自分自身が考えるということが明証性や明晰さの根拠であり、その根拠を原点として自分の世界を組み立てていくデカルト主義の発想の原点であった。フロイトもその例外ではない。

しかし「自我」は現代社会においては、そこから自立するときの原点、つまりものの見方の原点ではなく、限りなく流動的な周囲の状況に合わせて、引きこもるための小部屋になってしまったように見える。今述べたような、日本のような先進諸国での、子どもの不登校、青年の引きこもりの多さを考えれば、ラッシュの指摘した「ナルシシズムの時代」はかなり現実味がある。インターネットは、こうした若者にとって進歩したテクノロジーとして救いではあるだろうが、その張り巡らされた世界は流動的な状況を強化しているように見える。孤独な群衆が住む世界は、グローバルに広がっており、自我はその世界を漂う小さな箱舟のようである。[*9]

ここで序章の登場人物ルネ・デカルトに戻ろう。彼は若いとき、一六一九年一一月一〇日（二三歳）に、暖炉のある暖かい小部屋で「驚くべき学問の基礎」を発見してその夜、有名な三つの夢を見る。彼の三つの夢は簡略化すると、次のようなものだ。

第一の夢では彼は道を歩いている。幻影が現れては消えるように彼を脅かし、右のほうから来るその圧力で身体の自由が利かない。その状態に屈辱を感じた彼は立ち直ろうと救いを求めて学院の教会に行こうとするが、そのとき知り合いの男性が何も言わずに通り過ぎる。挨拶しようとして、また烈しい風が吹いてきて彼は壁に押しつけられる。それと同時にもう一人の男が現れてN氏に会いに行くのなら差し上げたいものがあると言う。夢のなかで彼はメロンであろうと考えるのだが、驚いたことには、彼が相変わらず風のなかでよろめき倒れそうになっているのに、この人物も周りの人たちも、皆が平気な顔をして立っている。デカルトは「誘惑しようとする悪霊の仕業」と恐れる。彼の時代に悪霊は実在であり、それが夢を介して働きかけたと信じた。時代は一七世紀だ。夢から目覚めたデカルトは、激しい不安に襲われる。彼はこの不幸から解き放ってくれと神に祈る。祈った後、二時間ほどあれこれと考えて、再び眠ると二番目の夢を見る。それは雷鳴のごとき音に驚かされて跳び起きると、部屋のなかをたくさんの火花が降ってくるのが見えた。そして再度眠りに入り、三番目の夢を見る。

その夢はこうだ。誰が置いたかわからないが机の上に本があり、ひとつは辞書、もうひとつは詞華集だった。開くとそこに「ワレ、イカナル人生ノ道ヲ歩ムベキカ」というアウソニウスの詩の冒頭の一句が読めた。そこに見知らぬ一人の男が現れその本に関して会話をする。「在り、シカシテ在ラズ」で始まる詩を挙げ、良い詩だと言う。デカルトはそれが詞華集にのっていると答えて先ほどの本のページをめくり始めると、一方の辞書が消えてしまう。そしてほどなくその辞書は机の一方の端に現れる。そして彼は今度は詞華集のなかに、「在り、シカシテ在ラズ」で始まる詩は見出せないので、この男に同じアウソニウスの詩で「ワレ、イカナル人生ノ道ヲ歩ムベキカ」で始まるもっと美しい詩があると言う。男がそれを見たいと言うので、デカルトが再び探し始める。そこにさまざまな木板の肖像画が現れ、人も本も消えてしまう。デカルトは横になった状態のまま、この夢の解釈を始め、辞書は「総合された学問」、詞華集は「統合された学問と知恵」、「ワレ、イカナル人生ノ道ヲ歩ムベキカ」は「賢人の忠告、または道徳神学」を示すと考えた。[*10]

デカルトその人の理解は、夢の解読方法が発見されたフロイト以後とは大きく異なっており、むしろ神学的な時代のものなので、彼はこれらの夢を一種の予言や神の言葉だと考えた。デカルトは一番目の夢で悪魔の脅し、不安を体験している。文字通り悪魔の言葉と考えた。そして二番目の夢では雷鳴とともに、文字通り光に撃たれた。そして三番目は自らが「普遍学」を発見する契機となる啓示と捉えている。

序章で述べたようにデカルトは、座標によって方程式を現実の座標軸にプロットする方法を考えたが、その原点が「自我」であった。だから私たちが考える限り、私たちの意識は出発点であり、世界は現実として成り立っており、それを認識する主観を精神と見なした。[*11]

そしてデカルトは戦場に出かけていく。三〇年戦争の戦渦のなかのヨーロッパ。右や左に所属しながら、仮の宿を転々として、その末にオランダの小さな暖炉の部屋に辿り着く。そこで科学的な方法論を完成させて、四〇歳代で『方法序説』を書き上げる。その間に一五年以上の歳月が流れている。

フロイトの夢分析を使うなら、デカルトの夢は青年期の不安とそこからの自立、アイデンティティ模索の夢と捉えられるだろう。そして夢のなかに出てくるそれぞれの男性は、心のなかに存在するエディプス・コンプレックスの「父親」＝権威像であり、『自我とエス』でフロイトが「超自我」と呼ぶものだと考える。自我は、厳しい衝動の風のなかで立ちすくみ、やがて、聖典のような本のなかで自分の核となる言葉に出合う。夢を見た後に、デカルトが戦場に放浪するように出かけることは、彼の模索の始まりに、夢分析があったということになる。つまり精神分析の主題は、まさに夢見るデカルト、放浪するデカルトであった。それは不安のなかで悩めるデカルトの姿であり「自我」であろう。*12

デカルトの夢のほうをフロイト的に分析してみれば、現代において起きている自我の地殻変動の姿を描写することができるだろう。それは小さな暖炉部屋への退行であり、自立する前の不安に満ちた自我の姿である。デカルトが『方法序説』を書き上げた一九三七年はヨーロッパ、というよりも現代社会の命運を左右することになった三〇年戦争の真っ只なかであった。夢の啓示によってデカルトはヨーロッパ各地を転々として、自らの立場を玉虫色のように変えながら、普遍的な真理を探して回る。その旅は、彼自身が青年期に感じた「寄る辺なさ」を象徴している。旅を中年期に終えて、オランダの、やはり小さな暖炉部屋で『方法序説』を書いた。彼は、中年期になって世界を明晰なものと考えるようになった。

ここで私たちが時代をデカルトのコギトに戻したのは、ナルシシズム、つまり引きこもりが映し出す病の意味をもう一度見直してもらうためである。ルターとその時代を映し出す病としての強迫神経症は、プロテスタンティズムと資本主義とが相互に関連した現象であると第3章で述べた。もし現代を映し出す病がナルシシズムだとすれば、それは現代社会の価値観をある程度反映させており、インターネットの前に座っている、あるいは歩きながらスマホの世界であらゆる情報とアクセスしている若者たちの価値観は、文字通りある程度、自己愛で説明できる。それはネットの世界で肥大化しているとも言えるが、現実世界での関係性は閉じていて極端に狭く自己中心的だ。だがこの生き方にも社会的な孤立といった悪い面だけではなく、時代の新しい価値観を生み出す可能性という良い面も透けて見えるはずだ。*13

ナルシシズムを時代の病だとすれば、それを捉え直すための、あるいは治療するための処方箋のようなものはないだろうか。そのヒントは、デカルトの引きこもりとその後の旅が、現代においてどのようなものと対応しているか、ということになる。それは時間をかけて自分自身の自我に閉じこもることの意味が、膨大に張り巡らされたインターネットの情報の海に溺れないためには、必要な時間だと考えることもできるということであり、群衆に埋没しないための方法だとも言えるということだろう。

現代社会を生きる青年たちの試行錯誤の長い期間の状態を、エリクソンは「モラトリアム」と呼んだ。[*14] その言葉のもとの意味は借金の支払猶予期間ということだが、デカルトの旅、そして現代社会ではその旅支度のための準備期間のことである。

ナルシシズムが現代の病だとすれば、結果としての引きこもりは孤立や孤独をもたらすが、その自我の場は時間をかけて自分の内面を内省するための小部屋になる可能性もある。そしてその場から新しい価値観を生み出す可能性もあるのだろう。

救済としての精神分析

前章の末尾に置いた「自我は不安の宿る本来の場である」から、もう少し考えを深めてみよう。

自我は、外界からも内界からも、また過去からも現在の生活からも、そしてエスからも超自我からも脅かされている。外的な環境の脅威がなくなった今、自我そのものが分断されて、寄る辺なきものになりつつある。言い換えれば、現代は「寄る辺なき自我の時代」なのである。そのなかで自我は、あらゆるところから不安の信号を察知して、しばしば小さな小部屋に閉じこもっては考えて、周囲の危険に対応して生きる方策を考え続ける場になった。だが自我そのものはそんな押し寄せる不安に対して、その起源であるナルシシズムの呪縛から自由になれない。

現代社会においてフロイト以降の精神分析の登場とその後の発展の背景には、戦争の時代にはなかった自我そのものが抱えている不安がある。それは外界の安定した環境が失われればナルシスになるし、すぐにサディズムの方向に向かうだろう。分断された現実のなかで、すぐに衆愚右傾化していくに違いない。[15] フロイトのたどり着いた自我は、周囲の環境と身体と文化のなかで、限りなく頼りなく不安に満ちている。

現代社会における自我は、デカルトが晩年に語る世界観、つまり自明性や明証性とは全くかけ離れている。むしろ彼が二〇歳代のときに、小さな暖炉部屋のなかで感じた不安こそが現代のナルシストたちの自我の姿である。あえて言うなら現代の「コギト」は、自分自身の根拠について考えるための原点にも、客観的で科学的な世界の中心にも落ち着く居場所のない、漂うものである。自我そのものが寄る辺なきものなのだ。

現代の精神分析はナルシシズムのなかに閉じこもった寄る辺なき自我の救済のために発展してきた。確かに転移神経症という媒介物を通して神経症が治癒する場合もあるかもしれない。だがもっと重要なことは、小さな暖炉部屋は、いつか来るかわからない不確実な不幸に脅えてより所や居場所を失った自我の考える場なのである。精神分析の寝椅子とそのセッションの部屋は、自我のための旅支度の小部屋である。そしてもう一度、デカルトがそうであったように、彼が戦場に出るのだとすれば、その行き先はまず内面への旅となるのだろう。精神分析は、内面への旅の道具として発展してきた。

旅の道のりは決して安価な、楽なものではない。[16] 序章で最初に述べた青年のその後の顚末について報告しよう。

彼は一〇年ほどセッションを続けていくうちに、次第に外の世界に関心を持ち始め、海外留学を考えるようになった。もともと語学は得意だったので、外国語学校に行き始めて、人々との交流が再開した。母国語である日本語では、他人との交流は難しかったが、外国語講師との交流はできるようになった。学校の斡旋で留学が決まった二ヵ月後、終結も間近になって、彼は夢を見た。こんな夢だった。

「嵐の海で、難破したんでしょうか。小さな木の切れ端につかまって海のなかを漂っているのです。海は晴れているし、夢のなかにいることはわかっているので、不思議と切迫感はないんです。すると向こうから聖書のような本が流れてくるのです。手をかきながら近づいてみると、聖書なのです。で私はなかを開いてみる。するとそこには『汝自らを知れ』って書いてあるのです。これってソクラテスの言葉ですよね。で、なるほどと思って、目が覚めたんです」。

私はデカルトの夢と似ていると思いながら聞いていたが、彼は「ソクラテスは志を全うして死を覚悟した人」と述べた。私は「覚悟」という言葉を繰り返した。この一〇年の間、彼は、自分の部屋は精神分析家である私にとっては、カフカの『城』のように誰もたどり着けない場所だと語ったり、難攻不落の「ナバロンの要塞」のようだと語ったりしていた。だが覚悟を決めた彼にとって、今や精神分析の小部屋は、彼の部屋と同様に、引きこもりの小部屋からの、出立の旅支度の宿になっていた。だからソクラテスのような「毒を食らう覚悟」を持ったのだ。私は「なぜ聖書だったのでしょうかね。信者でもないのに」と問いかけた。彼は「一粒の麦もし地に落ちて死なずば、ただ一つにてあらん、ですよ」と連想を語った。

二ヵ月後、長いモラトリアム期間を終えた彼は、海外に旅立っていった。時々手紙が送られてくるが、海外で就職して元気に過ごしている。

現代において「自我は自分自身の家の主人ではない」。[*17] それは家のなかにも、外にもいない。脱中心化されて、寄る辺ない状態でさまざまな不安のなかに投げ出されている。精神分析の寝椅子は、その現状に対峙するために、もう一度内面の長い旅をするための小さな暖炉部屋であり続けている。

＊1 アラン・パーカー監督の作品で、主人公がマシュー・モディーン、友人をニコラス・ケイジが演じており、トラウマに関する優れた作品になっている。

＊2 家庭の心と社会の心の間、個人と集団の間と言い換えても良いだろう。

＊3 日本は、テロの恐怖に脅えている先進諸国のなかでももっとも安全な政治的位置にある。日本人はヨーロッパで十字軍以来続いている、中東と欧州との確執の歴史を知らないので、宗教戦争を含めて、この闘争に現実感はないだろう。だが日本人も、ナルシシズムは簡単にパラノイアに、そして反転してサディズムに遷移することは、先の戦争で体験したことだろう。

＊4 デイヴィッド・リースマン、『孤独な群衆』、二五ページ

＊5 エーリッヒ・フロム『自由からの逃走』を参照。この本はルターの宗教革命による内的な自由の話から始まっている。

＊6 クリストファー・ラッシュ、『ナルシシズムの時代』、二〇ページ

＊7 内閣府の発表（二〇一五）によれば、日本社会における社会的な引きこもりの数は深刻である。また社会学者・山田昌弘の『パラサイト・シングルの時代』による「パラサイトシングル」の報告以後、日本では国勢調査で、親と同居する未婚単身者の調査が行われている。教育社会学者の舞田敏彦は『教育の使命と実態　データからみ

た教育社会学試論』において現代の若者の「ウチ化」について調査しており、パラサイトシングルは明らかに未婚率、さらには少子化と相関がある。ということは、対象愛、つまり家族を作って子どもを作る生殖性への発展は、ナルシシズムによって阻まれているとも言える。政府が問題にしている少子化もナルシシズム心性と関連している。

＊8　フロイトは幼児期の原初的な体験がナルシシズム的なものであるという意味で一次的ナルシシズムと、病気や引きこもりを生み出すような二次的ナルシシズムを分けたが、不登校や社会的引きこもりは二次的ナルシシズムの現れである。それは対象愛に向かう途中での歪曲や失敗を意味している。

＊9　インターネットの登場によって、人間の心は緩やかにつながるようになったという意見（ニコラス・A・クリスタキス、ジェイムズ・H・ファウラー『つながり』）と人間的な接触がネット環境によって失われているという意見（Turkle, Sherry, *Alone Together: Why We Expect More from Technology and Less from Each Other*）に議論は対立している。ネットワークでつながっている大衆は、自分のスマホで撮った写真をネットワークにアップして、他人にとってはほとんど意味のない不毛な情報を垂れ流して自己満足しているように見える。「ネット炎上」という現象は大衆が極端に同一化を起こす場でもある。他者がネットでは漏らした情報に、相手のことを考えずに攻撃して炎上する。ただそれは利那的な時間のごく短い時間だけのことではある。このように新しいテクノロジーに関してわかっていることは、現代の、この道具がナルシス的退行を促進するという点だけである。

＊10　詳細は田中仁彦『デカルトの旅／デカルトの夢』を参照。

＊11　これを伝統的に二元論というが、主観と客観の二元論の出発点にデカルトがいる。

＊12　デカルトは、夢を見た二〇歳代の約二〇年後一六三七年にその夢の着想をもとに『方法序説』を書くので、その概念の出発点がこの日に着想されたと言われている。彼はその前年には書物を捨てて三十年戦争に軍隊に参戦している。そして旅する放浪生活のなかで、さまざまな思想家、数学者との交流をしながら、最終的にオランダに移住して三二歳のときに『世界論』を書くが、おりしも一六三三年にガリレオ・ガリレイが異端審問で持説の破棄を求められるという事態が起きていた。そしてデカルトは、『世界論』の公刊を断念して孤独な隠遁生活を始め『方法序説』を書き始める。それはおそらく暖炉のある小さな小部屋だったのだろう。精神分析のコンテクストで重要なのは、デカルトが夢を見て、それを啓示として、旅に出たということだ。

＊13 小此木啓吾『自己愛人間』を参照。ラッシュ同様、小此木は、現代社会を反映する病として自己愛を指摘している。

＊14 エリク・エリクソン、『幼児期と社会1』、三三八ページ

＊15 実際、金融危機と世界的なデフレ傾向が先進諸国を襲ってから、社会全体は格差がひどくなっているため、格差の激しい米国などでは英雄待望と右傾化のほうに傾いている。

＊16 フロイトが繰り返し語っているように、精神分析の道程が困難なものであることは間違いない。それは毎日のようにセッションを続けて何年もかかる。分析そのものは誰にとっても抵抗を生み出す。理由は、精神分析そのものが、人々の自我にとって脅威になるからである。フロイトは『入門』を出版するすぐ前にハンガリーの文芸誌からの依頼に対して、人類のナルシシズムへの侮辱を行った学問として、コペルニクスの地動説、ダーウィンの進化論、そして自らの精神分析を挙げている。「精神分析は自我にわからせようとしたいのだ。われわれのなかの性欲動の生が完全には制御され得ないことと、心のさまざまな出来事はそれ自身では意識されず自我の不完全で信用できない知覚のみを通して接近され自我に服するという二つの説明は、結局、自我は自分自身の家の主人ではない、という主張と同じなのである。これら二つの説明がいっしょになって自己愛への第三の侮辱になるのであり、私はこの侮辱を心理学的と呼びたい」（「精神分析のある難しさ」、『フロイト全集　第一六巻』、五四ページ）

＊17 ジークムント・フロイト、「精神分析のある難しさ」、『全集　第一六巻』、五四ページ

参考文献

Abraham, Karl［1924］A short study of the development of the libido, in Frankiel, R.V. (ed)［1994］*Essential papers on object loss*, New York University Press

Aulagier, Piera.［2001］*The Violence of Interpretation*, Bruneer-Routeledge

Back, Steven［2008］*Leni: The Life and Work of Leni Riefenstahl*, スティーヴン・バック、『レニ・リーフェンシュタールの嘘と真実』、野中邦子・訳、［二〇〇九］、清流出版

Bettelheim, Bruno［1982］*Freud and Man's Soul*, ブルーノ・ベッテルハイム、『フロイトと人間の魂』、藤瀬恭子・訳、［一九八九］、法政大学出版

Christakis, Nicholas, A., Fowler, James. H.［2009］*Connected: The Surprising Power of Our Social Networks and How They Shape Our Lives*, ニコラス・A・クリスタキス、ジェイムズ・H・ファウラー、『つながり』、鬼澤忍・訳、［二〇一〇］、講談社

Crosby, Alfred［2003］*Epidemic and Peace, 1918*, アルフレッド・クロスビー、『史上最悪のインフルエンザ 忘れられたパンデミック』、西村秀一・訳、［二〇〇四］、みすず書房

Darnton, Robert［1968］*Mesmerism and the End of the Enlightenment in France*, ロバート・ダーントン、『パリのメスマー：大革命と動物磁気催眠術』、稲生永・訳、［一九八七］、平凡社

Descartes, René［1937］*Discours de la méthode pour bien conduire sa raison, et chercher la vérité dans les sciences. Plus la Dioptrique, les Météores et la Géométrie, qui sont des essais de cette méthode*, ルネ・デカルト、『方法序説』、落合太郎・訳、［一九六六］、岩波書店（岩波文庫）

Diamond, Jared［1997］*Why Is Sex Fun? The Evolution of Human Sexuality*, ジャレド・ダイヤモンド、『セックスはなぜ

楽しいか』、長谷川寿一・訳、〔一九九九〕、草思社

Didi-Huberman, G〔1980〕*Invention de l'hystérie. Charcot et l'Iconographie photographique de la Salpêtrière*, ジョルジュ・ディディ・ユベルマン『アウラ・ヒステリカ—パリ精神病院の写真図像集』、谷川多佳子、和田ゆりえ・訳、〔一九九〇〕、工作舎

Ellman, Stephen, J, Moskowitz, Michael〔1998〕*Enactment: Toward a New Approach to the Therapeutic Relationship*, Jason Aronson

Erikson, Erik〔1950〕*Childhood and Society*, エリク・エリクソン、『幼児期と社会1』、仁科弥生・訳、〔一九七七〕、みすず書房

Erikson, Erik〔1958〕*Young Man Luther: A Study in Psychoanalysis and History*, エリク・エリクソン、『青年ルター〔1〕、〔2〕』、西平直・訳、〔二〇〇二、二〇〇三〕、みすず書房

Eberwein, R.T.〔1984〕*Film and Dream Screen: A Sleep and a Forgetting*, Princeton University Press

Fergason, Adam〔1975〕*When Money Dies: The Nightmare of Deficit Spending, Devaluation, and Hyperinflation in Weimar German*, アダム・ファーガソン、『ハイパーインフレーションの悪夢：ドイツ「国家破綻」の歴史は警告する』、黒輪篤嗣、桐谷知未・訳、〔二〇一一〕、新潮社

Federn, Paul〔1952〕*Ego Psychology and the Psychoses*, Basic Books Inc

Fink, Bruce〔2001〕*Fundamentals of Psychoanalytic Technique: A Lacanian Approach for Practitioners*, ブルース・フィンク、『ラカン派精神分析入門』、中西之信、椿田貴史、舟木徹男、信友建志・訳、〔二〇〇八〕、誠信書房

Flanders, Sara (eds)〔1993〕*The Dream Discourse Today*, Routeledge

Freud, Sigmund〔1900〕*Die Traumdeutung Gesammelte Werke, II*, ジークムント・フロイト、「夢解釈Ⅰ」、新宮一成・訳、『フロイト全集　第四巻』、〔二〇〇七〕、岩波書店

Freud, Sigmund〔1900〕*Die Traumdeutung*　*Gesammelte Werke*, III, ジークムント・フロイト、「夢解釈II」、新宮一成・訳、『フロイト全集　第五巻』、〔二〇一一〕、岩波書店

Freud, Sigmund〔1905〕*Drei Abhandlungen zur Sexualtheorie Gesammelte Werke*, V, ジークムント・フロイト、「性理論のための三篇」、渡邉俊之・訳、『フロイト全集　第六巻』、〔二〇〇九〕、岩波書店

Freud, Sigmund〔1908〕*Der Dichter und das Phantasieren Gesammelte Werke*, VII, ジークムント・フロイト、「詩人と空想」、道籏泰三・訳、『フロイト全集　第九巻』、〔二〇〇七〕、岩波書店

Freud, Sigmund〔1911〕*Psychoanalytische Bemerkungen über einen autobiographisch beschrie•benen Fall von Paranoia (Dementia paranoides)*　*Gesammelte Werke*, VII, ジークムント・フロイト、「自伝的に記述されたパラノイアの一症例に関する精神分析的考察」、渡辺哲夫・訳、『フロイト全集　第一一巻』、〔二〇〇九〕、岩波書店

Freud, Sigmund〔1911〕*Die Handhabung der Traumdeutung in dcr Psychoanalyse*　*Gesammelte Werke*, VIII, ジークムント・フロイト、「精神分析における夢解釈の取り扱い」、高田珠樹・訳、『フロイト全集　第一一巻』、〔二〇〇九〕、岩波書店

Freud, Sigmund〔1912〕*Ratschläge für den Arzt bei der psychoanalytischen Dehandlung Gesammelte Werke*, VIII, ジークムント・フロイト、「精神分析治療に際して医師が注意するべきことども」、須藤訓任・訳、『フロイト全集　第一二巻』、〔二〇〇九〕、岩波書店

Freud, Sigmund〔1914〕*Zur Einführung des Narzißmus.Gesammelte Werke*, VIII, ジークムント・フロイト、「ナルシシズムの導入にむけて」、立木康介・訳、『フロイト全集　第一三巻』、〔二〇一〇〕、岩波書店

Freud, Sigmund〔1915〕*Zeitgemäßes uber Krieg und Tod.Gesammelte Werke*, X, ジークムント・フロイト、「戦争と死についての時評」、田村公江・訳、『フロイト全集　第一四巻』、〔二〇一〇〕、岩波書店

Freud, Sigmund〔1917〕*Trauer und Melancholi.Gesammelte Werke*, X, ジークムント・フロイト、「喪とメランコリー」、

伊藤正博・訳、『フロイト全集　第一四巻』、〔二〇一〇〕、岩波書店
Freud, Sigmund〔1917〕*Vorlesungen zur Einführung in die Psychoanalyse.Gesammelte Werke, XI*, ジークムント・フロイト、「精神分析入門講義」、新宮一成、高田珠樹、須藤訓任、道籏泰三・訳、『フロイト全集　第一五巻』、〔二〇一二〕、岩波書店
Freud, Sigmund〔1917〕*Eine Schwierigkeit der Psychoanalyse.Gesammelte Werke, XII*, ジークムント・フロイト、「精神分析のある難しさ」、家高洋・訳、『フロイト全集　第一六巻』、〔二〇一〇〕、岩波書店
Freud, Sigmund〔1921〕*Massenpsychologie und Ich-Analyse (Internationaler Psychoanalytischer Verlag, 1921)Gesammelte Werke, XII*, ジークムント・フロイト、「集団心理学と自我分析」、藤野寛・訳、『フロイト全集　第一七巻』、〔二〇〇六〕、岩波書店
Freud, Sigmund〔1923〕*Das Ich und das Es (Internationaler psychoanalytischer Verlag, 1923) Gesammelte Werke, XIII*, ジークムント・フロイト、「自我とエス」、道籏泰三・訳、『フロイト全集　第一八巻』、〔二〇〇七〕、岩波書店
Freud, Sigmund〔1926〕*Hemmung, Symptom und Angst(Internatinaler Psychoanal ytischerVerlag, 1926)Gesammelte Werke, XIII*, ジークムント・フロイト、「制止、症状、不安」、大宮勘一郎、加藤敏・訳、『フロイト全集　第一九巻』、〔二〇一〇〕、岩波書店
Freud, Sigmund〔1933〕*Warum Krieg? Gesammelte Werke, XVI*, ジークムント・フロイト、「戦争はなぜに」、高田珠樹・訳、『フロイト全集　第二〇巻』、〔二〇一一〕、岩波書店
Freud, Sigmund〔1933〕*Neue Folge der Vorlesungen zur Einführung in die Psychoanalyse (Internationaler Psychoanalytischer Verlag, 1933) Gesammelte Werke, XV*, ジークムント・フロイト、「続・精神分析入門講義」二九講「夢理論の修正」、道籏泰三・訳、『フロイト全集　第二一巻』、〔二〇一一〕、岩波書店
Freud, Sigmund〔1911-1937〕ジークムント・フロイト、『フロイト技法論集』、藤山直樹・編、監訳、坂井俊之、鈴木

菜実子・編、訳、［二〇一四］、岩崎学術出版社

Fromm, Erich［1936］Sozialpsychologischer Teil. In: Studien über Autorität und Familie, *Forschungsberichte aus dem Institut für Sozialforschung. Alcan, Paris 1936*, エーリッヒ・フロム、『ワイマールからヒトラーへ：第二次大戦前のドイツの労働者とホワイトカラー』佐野哲郎、佐野五郎・訳、［二〇一六］、紀伊國屋書店

Fromm, Erich［1941］*Escape from Freedom*, エーリッヒ・フロム、『自由からの逃走』、日高六郎・訳、［一九六五］、東京創元社

Fry, Helen.［2009］*Freud's War*, History Press

藤田孫太郎［一九五九］『ルター自伝：卓上語録による』、新教出版社

藤原辰史［二〇一二］『カブラの冬』、人文書院

Galbraith, Kenneth［1977］*The Age of Uncertainty*, ケネス・ガルブレイズ、『不確実性の時代』、都留重人・監訳、［一九七八］、TBSブリタニカ

Gabbard, Glen［2010］*Long-Term Psychodynamic Psychotherapy: A Basic Text (Core Competencies in Psychotherapy)*, グレン・ギャバード、『精神力動的精神療法』狩野力八郎、池田暁史・訳、［二〇一二］、岩崎学術出版社

Gabbard, Glen (eds)［2001］*Psychoanalysis and Film*, Karnac.

Gay, Peter［1988］*Freud: A Life for Our Time*, ピーター・ゲイ、『フロイト［1］、［2］』、鈴木晶・訳、［一九九七、二〇〇四］、みすず書房

Greenfeld, Liah.［2013］*Mind, Modernity, Madness: The Impact of Culture on Human Experience*, Harvard University Press

Heiniman, F［1945］*NOMOS UND PHYSIS. Herkunft und Bedeutung einer Antithese im griechischen Denken des 5. Jahrhunderts*, F・ハイニマン、『ノモスとピュシス：ギリシア思想におけるその起源と意味』廣川洋一ほか・訳、［一九八三］、みすず書房

Hitler, Adolf［1925］*Mein Kampf*, アドルフ・ヒトラー、『わが闘争（上）――民族主義的世界観』、平野一郎、将積茂・訳、［一九七三］、角川書店（角川文庫）

Horstmann, Bernhard［2004］*HITLER IN PASEWALK – DIE HYPNOSE UND IHRE FOLGEN*, ベルンハルト・ホルストマン、『野戦病院でヒトラーに何があったのか：闇の28日間、催眠治療とその結果』、瀬野文教・訳、［二〇一六］、草思社

細見和之［二〇一四］『フランクフルト学派―ホルクハイマー、アドルノから21世紀の「批判理論」へ』、中央公論新社（中公新書）

Kahneman, Daniel［2011］*Thinking, Fast and Slow*, ダニエル・カーネマン、『ファースト&スロー：あなたの意思はどのように決まるか』、村井章子・訳、［二〇一二］、早川書房

金関猛［二〇一五］『ウィーン大学生フロイト：精神分析の始点』、中央公論新社（中公叢書）

Kershaw, Ian［2008］*Hitler 1889–1936*, イアン・カーショー、『ヒトラー［1］［2］』石田勇治・監修、川喜田敦子・訳、［二〇一五］、白水社

Kohut, Heinz［1977］*The Restoration of the Self*, ハインツ・コフート、『自己の修復』、本城秀次、笠原嘉・監訳、［一九九五］、みすず書房

高津春繁［一九六〇］『ギリシャ・ローマ神話辞典』、岩波書店

Laplanche, Jean, Pontalis, J. B［1967］*Vocabulaire de la psychanalyse*, ジャン・ラプランシュ、J・B・ポンタリス『精神分析用語事典』、村上仁・監訳、［一九七七］、みすず書房

Lasch, Christopher［1978］*The Culture of Narcissism: American Life in an Age of Diminishing Expectations*, クリストファー・ラッシュ、『ナルシシズムの時代』、石川弘義・訳、［一九八一］、ナツメ社

Lasch, Christopher［1984］*The Minimal Self: Psychic Survival in Troubled Times*, クリストファー・ラッシュ、『ミニマル

セルフ──生きにくい時代の精神的サバイバル』、石川弘義ほか・訳、［一九八六］、時事通信社

Lewin, Bertram, B.［1946］Sleep, the Mouth, and the Dream Screen, *Psychoanalytic Quarterly 15*

Loewald, Hans［1962］The Superego and the Ego-Ideal, *International Journal of Psycho-Analysis 43*

舞田敏彦［二〇一三］『教育の使命と実態　データからみた教育社会学試論』、武蔵野大学出版会

Masters, Brian［1997］*The Shrine of Jeffrey Dahme*, ブライアン・マスターズ、『死体しか愛せなかった男：ジェフリー・ダーマー』、柳下毅一郎・訳、［一九九九］、原書房

内閣府編［二〇一五］『平成26年度版　子ども・若者白書』、内閣府

中村昇［二〇一四］『ウィトゲンシュタイン「哲学探求」入門』、教育評論社

Ogden, Thomas H.［2001］*Conversations at the Frontier of Dreaming*, トーマス・H・オグデン、『夢見の拓くところ──こころの境界領域での語らい』、大矢泰士・訳、［二〇〇八］、岩崎学術出版社

小此木啓吾［一九九二］『自己愛人間』、筑摩書房（ちくま学芸文庫）

O'Hanlon, William Hadson［1987］*Taproots: Underlying Principles of Milton Erickson's Therapy and Hypnosis*, ウィリアム・ハドソン・オハンロン、『ミルトン・エリクソン入門』森茂夫・訳、［一九九七］、金剛出版

岡野憲一郎［二〇一五］『解離新時代　脳科学、愛着、精神分析との融合』、岩崎学術出版社

大林信治［一九九三］『マックス・ウェーバーと同時代人たち：ドラマとしての思想史』、岩波書店

Picard, Max［1946］*HITLER IN UNS SELBST*, マックス・ピカート『われわれ自身のなかのヒトラー』、佐野利勝・訳、［一九六五］、みすず書房

Pratkanis, A., Aronson, E.［1992］*Age of propaganda: The everyday use and abuse of persuasion*, A・プラトカニス、E・アロンソン『プロパガンダ：広告、政治宣伝のからくりを見抜く』、社会行動研究会・訳、［二〇〇一］、誠信書房

Riesman, David［1950］*The Lonely Crowd*, デイヴィッド・リースマン、『孤独な群衆』、佐々木徹郎、鈴木幸寿、谷田

部文吉・訳、［一九五五］、みすず書房
Ritvo, Lucille B.［1992］*Darwin's Influence on Freud: A Tale of Two Sciences*, ルーシール・B・リトヴォ、『ダーウィンを読むフロイト』、安田一郎・訳、［一九九九］、青土社
Rosenfeld, Herbert A.［1965］*Psychotic States: A Psychoanalytical Approach*, Chatto & Windus
戈木クレイグヒル滋子［二〇〇六］『ワードマップ　グラウンデッド・セオリー・アプローチ：理論を生みだすまで』、新曜社
Schafer, Roy［1978］*Language and Insight: Sigmund Freud Lectures at University College*, Yale University Press
Searl, John Rogers［1969］*Speech Acts: An Essay in the Philosophy of Language*, ジョン・ロジャーズ・サール、『言語行為：言語哲学への試論』坂本百大・訳、［一九八六］、勁草書房
Searl, John Rogers［1983］*Intentionality: An Essay in the Philosophy of Mind*, ジョン・ロジャーズ・サール、『志向性——心の哲学』、坂本百大・訳、［一九九二］、勁草書房
Searles, Harold F.［1965］*Collected papers on schizophrenia and related subjects*, Imprint New York, International Universities Press
Sharp, Ella Freeman［1961］*Dream Analysis: A Practical Handbook for Psychoanalysts*［*International Psycho-Analysis Library*］, London:Karnac
Sophokles、ソポクレス、『オイディプス王』、藤沢令夫・訳、［一九六七］、岩波書店（岩波文庫）
Sulloway, Frank［1979］*Freud, Biologist of the Mind: Beyond the Psychoanalytic Legend*, Burnett Books
互盛央［二〇一〇］『エスの系譜：沈黙の西洋思想史』、講談社
高田博行［二〇一四］『ヒトラー演説：熱狂の真実』、中央公論新社（中公新書）
田中仁彦［一九八九］『デカルトの旅／デカルトの夢』、岩波書店

戸部良一、寺本義也、鎌田伸一、杉之尾孝生、村井友秀、野中郁次郎［一九八四］『失敗の本質――日本軍の組織論的研究』、ダイヤモンド社

Tuchman, Barbara Wertheim［1962］*The Guns of August*, バーバラ・ワートハイム・タックマン、『八月の砲声』、山室まりや・訳、［一九六五、新訳一九八六］、筑摩書房

Turkle, Sherry［2012］*Alone Together: Why We Expect More from Technology and Less from Each Other*, Basic Books

渡邊芳之［二〇一〇］『性格とは何だったのか：心理学と日常概念』、新曜社

Weber, Max［1904］*Die protestantische Ethik und der 'Geist' des Kapitalismus*, マックス・ウェーバー、『プロテスタンティズムの倫理と資本主義の精神』、中山元・訳、［二〇一〇］、日経BP社（日経BPクラシックス）

Weil, Simone［1949］*'ENRACINEMENT : Prelude a une doclaration des devoirs envers l'etre humttn*, シモーヌ・ヴェイユ、『根をもつこと［上］［下］』、冨原眞弓・訳、［二〇一〇］、岩波書店（岩波文庫）

Wittgenstein, Ludwig［1921］*Logisch-Philosophische Abhandlung*, ルードヴィッヒ・ウィトゲンシュタイン、「論理哲学論考」、『ウィトゲンシュタイン全集1　論理哲学論考』、奥雅博・訳、［一九七五］、大修館書店

山田昌弘［一九九九］『パラサイト・シングルの時代』、筑摩書房（ちくま新書）

読書案内

寄る辺なき自我の時代に生き残るための精神分析の森へ

妙木浩之

日本におけるフロイトの翻訳は第二次世界大戦前から始まり複数の翻訳者が関わってきた。戦後になり、まとまった全集・選集としては日本教文社版、人文書院版の二つがあったが、最近になって岩波書店から『フロイト全集』刊行が始まり、二〇一二年には全二二巻が完結して、後は総索引を待つのみになっている。この全集の良いところは、これまでの著作集や選集がテーマ別編纂であったものが、オリジナルのドイツ語版の全集同様に年代順になったことだ。英語版ではジェイムス・ストレイチーという分析家が一人で翻訳した統制の取れた全集があり「標準版－Standard Edition」と呼ばれていて、ほとんどの英語の索引はそれをもとに作られているが、そちらも年代順になっている。岩波版は日本語ではじめて年代順になっているという理由でも新しく、第一巻から読んで行くとフロイトの思想形成がわかるようになっている。

フロイトが医師（治療者）として心の病に関わり始めた歴史があるので、精神分析を治療論と見なす傾向が精神医学にはあるが、私が思うには、精神分析は分析・探求の方法論なので、その入り口は『**夢解釈**』（岩波書店『フロイト全集　第四、五巻』）になるだろう。

フロイト自身は精神分析という方法論をひたすら探求していたのだろうが、『精神分析入門講義』を上梓するころから彼が書く論調は、読者が専門家から一般の人たちに広がったため、やや変化しており文化論が増えている。興味深いことに、このプロセスはドイツの第一次世界大戦における動乱期と軌を一にしている。そのため私たちがフロイトを読むとき、神経症の臨床論に注目し、医師（治療者）としてのフロイトを参照したいのか、理論・思想家としてのフロイトを参照したいのかの二極によって、読み方は大きく異なる。

まず、医師フロイトに注目してみよう。精神分析において、神経症論は精神病理学という側面があり、人々の人生の詳細、あるいはその語り方（逸脱の仕方）に関心を向けていく。精神障害を病理と見なす現代の精神医学から見れば、正常と異常を連続的に捉えて、人それぞれの人生の物語を再構築していく精神分析の方法は、治療法としては確かに効率が悪い。しかし人々の生きている現実を臨床的に描写する作業に適しているので、事例そのものが物語として面白い。彼の分析の臨床技法論は一九一〇年代に完成するが、技法論を一冊にまとめて訳し直したものに**『フロイト技法論集』**（岩崎学術出版社）がある。また彼は精神神経症の解明にあわせて症例をまとめており、いくつかは全集で読める。ヒステリーの失敗事例「症例ドーラ」（岩波書店『フロイト全集　第六巻』）、強迫神経症の成功事例「症例鼠男」、そして父親を媒介として治癒した恐怖症の「症例ハンス」（岩波書店『フロイト全集　第一〇巻』）、ナルシシズムについての理解を深めるために統合失調症者の書いた手記を分析した「症例シュレーバー」（岩波書店『フロイト全集　第一一巻』）、そして「症例狼男」（岩波書店『フロイト全集』第一四巻）と、どれも興味深い物語を読むことができる。特にフロイトが書いたオリジナルの原稿が残っている唯一の事例である「鼠男」は、オリジナルレコードや解説とともに**『「ねずみ男」精神分析の記録』**（人文書院）にまとめられていて、多角的に実際の事例を見るのに優れている。

理論家フロイトは、「ナルシシズム」概念の導入によって、大きく飛躍するのであるが、一九一四年から戦争が始まり、患者が来なくなって時間ができたために書き上げたメタ心理学草稿も、この時期に書かれている。一九一七年に『精神分析入門講義』を発表してから、フロイトは自我の論考を深めていった経緯は本書のなかに論じたが、彼の自我心理学の発展の経緯は、哲学者の竹田清嗣氏が編集し**『自我論集』**（筑摩書房・ちくま学術文庫）としてまとめられている。岩波版とは訳が微妙に違うが、一九二三年の「自我とエス」に至る経緯が良くわかるようにできている。そして『入門講義』の一五年後に『続・精神分析入門講義』が書かれる。

フロイト最晩年の精神分析理論は、娘であるアンナの思索が一定程度関わっているということで一般に疑問視されることもあるが、新しい理論を含めて、没後一九四〇年に出版された『**精神分析概説**』（岩波書店『フロイト全集　第二二巻』）は、彼の晩年の思想を知る上では必読書と言える。

もうひとつ文化論者・思想家としてのフロイトを考える上では、一般読者に向けたものとして「**ある錯覚の未来**」、「**文化の中の居心地の悪さ**」の二つが挙げられる。ともに岩波書店『フロイト全集　第二〇巻』に納められている。宗教論と文化論という違いはあっても、晩年のフロイトが人間の心にとって文化とは何かを問いかける優れた論考だと言える。

あとがき

フロイトが『精神分析入門講義』を書いてから、今年でちょうど一〇〇年になる。前世紀は「戦争の世紀」と呼ばれ、二つの大きな戦争があり、そのなかでマルクス主義の共産主義国家が誕生し、時期を同じくして精神分析が生み出された。本書をここまで読んでいただいた人にはすでに伝わっているだろうが、第一次世界大戦と第二次世界大戦のなかでしか、精神分析は生まれなかったと思う。精神分析の主張は一時期、カウンセリングや心理臨床や精神医学と同化することで臨床の道具に狭窄化してしまったが、にもかかわらず今でも群衆や大衆社会を、あるいは社会体制や制度を個々の心のあり方から見るときの物差しとして、その力を持ち続けている。原初の心性がなぜ繰り返し歴史のなかで中心的な役割を果すのかについて、今のところ他の類する理論はない。

産業革命の清算の結果が大戦争とするなら、今世紀は情報革命の清算のための準備をする時期に入っている。二〇四〇年代と言われているシンギュラリティ（人工知能が人間の精神活動のほとんどを代替可能にするような映画『マトリックス』や『ターミネーター』の世界）の時代にインターネットや情報空間のなかで人々がどのような主観的世界を持つのかを考えるには、フロイトが晩年描いた自我の分割モデルあるいはナルシシズムのモデルは、性や生殖、あるいは家族を再編成するバイオ・セクシャル・エコノポリティックス（生物としての身体と性と経済、そして社会の関係性領域）を考えるための重要な道具になるだろう。本書はその糸口として『精神分析入門講義』に焦点を当てた。新しい主体や主観性のモデルを考えるためにフロイトが着想した「自我心理学」にもう一度戻って考える必要があると私は考えている。

本書を作るにあたって最初から最後まで編集者である中西豪士さんにお手伝いをいただいた。粘り強く丁寧な中西さんの援助がなければ、私の国語力では本書は成立っていない。分析の実践をしながらの執筆なので、遅筆で迷惑ばかりかけたが、良い本ができたと思う。心から中西さんに感謝したい。

二〇一七年四月
妙木浩之

妙木浩之（みょうき・ひろゆき）
1960年東京生まれ。上智大学文学部大学院満期退学。佐賀医科大学助教授、久留米大学教授を経て、現在、東京国際大学人間社会学部教授。
南青山心理相談室、精神分析家。日本精神分析協会会員（準会員）。
著書に『父親崩壊』（1997年、新書館）、『フロイト入門』（2000年、ちくま新書）、『初回面接入門』（2010年、岩崎学術出版社）など多数。

いま読む！名著
寄《よ》る辺《べ》なき自我《じが》の時代《じだい》
フロイト『精神分析入門講義』を読み直す

2017年5月30日　第1版第1刷発行

著者　妙木浩之
編集　中西豪士
発行者　菊地泰博
発行所　株式会社現代書館
〒102-0072　東京都千代田区飯田橋3-2-5
電話 03-3221-1321　FAX 03-3262-5906　振替 00120-3-83725
http://www.gendaishokan.co.jp/
印刷所　平河工業社（本文）　東光印刷所（カバー・表紙・帯・別丁扉）
製本所　積信堂
ブックデザイン・組版　伊藤滋章
校正協力：高梨恵一

ISBN978-4-7684-1010-3
定価はカバーに表示してあります。乱丁・落丁本はおとりかえいたします。

活字で利用できない方のための
テキストデータ請求券
『寄る辺なき
自我の時代』